기독교문서선교회(Christian Literature Center: 약칭 CLC)는 1941년 영국 콜체스터에서 켄 아담스에 의해 시작되었으며 국제 본부는 미국 필라델피아에 있습니다. 국제 CLC는 59개 나라에서 180개의 본부를 두고, 약 650여 명의 선교사들이 이동도서차량 40대를 이용하여 문서 보급에 힘쓰고 있으며 이메일 주문을 통해 130여 국으로 책을 공급하고 있습니다. 한국 CLC는 청교도적 복음주의 신학과 신앙서적을 출판하는 문서선교기관으로서, 한 영혼이라도 구원되길 소망하면서 주님이 오시는 그날까지 최선을 다할 것입니다.

추천사 1

신 용 기 목사
대구 화원교회 담임목사

　그리스도인의 삶은 이 세상 사람들과는 다릅니다. 왜냐하면, 그리스도인의 삶은 세상적인 사고와 가치관, 세상의 흐름을 따라 살아가는 것이 아니기 때문입니다. 그리스도인의 삶의 원리는 항상 성경에서 찾기 때문입니다. 김맥 목사님은 매일 새벽마다 부르짖어 기도하며 하나님과 깊은 영적 교제를 나누면서 이 시대 청소년들을 하나님 나라를 위해 준비된 사람으로 세우고자 하는 열망이 있는 사역자입니다.

　평소에 성경을 묵상하며 성경에서 삶의 길을 찾고자 애쓰는 모습을 볼 수 있습니다. 사역의 현장에서 청소년들과 대화하며 그들의 고민을 그냥 스쳐 지나치지 않고, 어떻게 하면 하나님의 관점에서 해결해 주고, 믿음으로 세워 갈까 고민하던 결과가 책으로 나오게 되었습니다.

　고등부 학생들을 지도하면서 평소 하고 싶은 이야기를 책으로 출간하게 되었습니다. 10대를 하나님 앞에 거룩하고 순결한 그리스도의 신부로 세워 가기 위해 새벽마다 교회에서 부르짖어 기도하던 그 영성이 이 책에 고스란히 담겨 있습니다.

　너무나 혼란스럽고 원칙과 기준이 없는 이 시대에 이 책은 성경적인 명확한 기준을 제시하고 있어서 이 시대에 청소년들이 어떻게 살아야 하는지를 분명하고 자세하게 알려 주고 있습니다. 이 책이 오늘을 살아가는 청소년들과 더 나아가 우리 그리스도인들의 신앙생활에 분명한 지침이 되리라 확신합니다.

추천사 2

안 민 박사
고신대학교 총장

　14년을 한결같이 청소년들의 좋은 친구로 사역해 오신 김맥 목사님의 저서 출간을 진심으로 축하합니다. 김맥 목사님이 쓴 책은 크리스천 청소년들이 실제적으로 고민하며 겪고 있는 27가지의 주제를 담고 있습니다. 저자가 14년 동안 청소년 사역을 하며 실제로 경험했던 에피소드 중심으로 쓰여졌습니다. 27가지 주제도, 글도 청소년들의 언어로 살아 있습니다.

　이 책은 화원교회 고등부를 담당하고 계신 김맥 목사님이 아이들을 가르치기 위해 블로그에 올린 글입니다. 청소년들의 실제 고민과 문제를 성경적 가치관으로 시원하게 답해 준 책이 많지 않은 상황에서 이 글을 책으로 출판한 출판사의 혜안에 박수를 보냅니다.

　무엇보다 김맥 목사님께 고마운 것은 다음세대의 고민에 다음세대의 언어로 답해 주신 것입니다. 그것은 다음세대를 잘 알고 있기에 가능했습니다. 거기에 이론을 넘어 청소년들과 어우러진 열정적인 삶이 녹아 있어 더욱 감동적입니다. 저는 그것이 사랑이라 믿습니다. 사랑은 생명을 살립니다.

　이 책을 통해 다시 세워지고 살아날 다음세대를 설렘으로 기대하며 만만찮은 현실의 벽 앞에 서 있는 청소년뿐 아니라 청소년 사역자님, 교회학교 선생님 그리고 학부모님께 자랑스럽게 추천합니다.

추천사 3

마 상 욱 목사
'청소년불씨운동' 사무총장, 『어쩌다 부모』 저자

　미래학자들은 21세기를 종교가 답을 해야 하는 시대라고 합니다. 그러나 교회 안에서는 주로 공동체의 성장 관점에서 다음세대를 바라보았던 것이 사실입니다. 어떻게 하면 다음세대가 빨리 성장해서 건강한 성도가 될 것인가에 집중했던 것입니다. 그러다 보니 청소년들의 눈높이와 그들의 입장에서 겪고 있는 의문들을 해결하지 못했습니다.
　김맥 목사님의 원고를 보면서 누구나 현장에서 만나야 하는 눈높이 질문에 관한 성경적 해석을 볼 수 있었습니다.
　청소년 사역 현장에서 이런 질문과의 씨름이 사회과학적으로는 그 효과를 수치화하기 어렵습니다. 그럼에도 김맥 목사님과 같은 사역자들의 노력은 다음세대의 성장을 위해 큰 도움이 됩니다. 이제 한국 교회는 양적 접근이 아닌 질적 접근이 필요한 시기가 되었습니다.
　자아정체성을 형성하는 시기인 청소년기에 주위에 함께 진지한 대화를 할 수 있는 지도자가 있다는 것은 큰 선물입니다.
　하나님께서 김맥 목사님을 다음세대의 사역과 교회에 선물로 주셨습니다. 이 책을 통해 지도자들이 청소년의 눈높이에서 소통할 수 있는 지혜를 얻으시길 바랍니다.

추천사 4

김 현 철 목사
행복나눔교회 담임목사, 유스코스타 강사, 『메타버스 교회학교』 저자

그리스도인의 삶은 이론이 아니라 실전으로 세상과 구별됨을 증명합니다. 각종 매체를 통해 왜곡된 가치관, 기준들이 청소년들에게 스며드는 상황에서 이 책은 청소년들을 새롭게 무장시키는 특별한 무기로 요긴하게 사용될 것입니다.

병을 고치려면 환자의 상태를 정확하게 파악하는 것이 우선이듯, 청소년들을 도우려면 그들의 상황을 정확하게 파악해야 합니다. 긴 시간 현장에서 함께 호흡한 저자가 청소년의 언어로 그들이 직면한 문제들을 정확하게 담았습니다.

그리고 이른바 꼰대로 불리는 일방적 가르침이 아니라 그들의 상황을 충분히 존중하면서도 성경적인 명확한 기준을 제시하고 있습니다. 또한, 현장감이 살아 있는 대화체 문장에서 친밀함이 묻어나 학생들을 정말 사랑하는 저자의 마음을 확인할 수 있습니다.

예전 세대들과 비교할 수 없는 문제들에 직면한 청소년들을 좀 더 이해하고, 그들을 올바르게 지도하기를 원하는 모든 교사, 사역자와 학부형이 꼭 한 번 읽기를 바랍니다. 세속 문화의 절정인 바벨론에서도, 뜻을 정하여 자기를 정결하게 지킨 다니엘과 세 친구처럼 새벽이슬 같은 청소년들을 세워 가는 데 이 책이 강력하게 쓰임 받기를 간절히 축복합니다.

추천사 5

곽 상 학 목사

다음세움선교회 대표, 유스코스타 강사, 『한계란 없다』 저자

    코로나 팬데믹 상황과 급변하는 시대에 다음세대 사역은 많은 숙제를 안게 되었습니다. 빠른 속도로 교회를 이탈하는 청소년 세대는 기성세대에게 더 이상 귀엽지도 않고 깊은 대화를 하기도 힘들어 보입니다.

    청소년들과 함께 울고 웃으며 동고동락했던 저자가 발견한 청소년의 속사정은 고민으로 가득했습니다. 그들과 나눈 고민 상담과 진솔한 대화는 읽는 것만으로도 청소년을 제대로 바라볼 수 있는 지혜를 얻게 합니다.

    다음세대를 향한 저자의 진심을 꾹꾹 눌러 담은 이 책을 읽으며 청소년 사역 동지로서 귀한 통찰과 열정을 얻어 갈 수 있어 기쁩니다. 같은 마음으로 이 길을 걷는 이들에게 귀한 지침이 될 것을 확신하며 기쁜 마음으로 추천합니다.

추천사 6

권오희 목사
나무와숲학교 교장, 유스코스타 강사, 『괜찮아』 저자

  청소년 사역을 한다는 것은 무엇일까요?

  청소년처럼 된다는 것도 아니고, 그렇다고 청소년들에게 훈계하는 꼰대가 되라는 것도 아닙니다. 김맥 목사님의 글을 읽다 보면 이분이 청소년들을 향한 탁월한 감각과 고민을 하는 사역자라는 사실을 알게 됩니다.

  청소년들과 함께했던 에피소드를 오롯이 글에 담았다는 것은 사역에 대한 진지함을 대변한 것이며 김 목사님이 청소년에 대해 끊임없이 고민하는 사역자라는 것을 알게 됩니다.

  청소년 사역을 하며 실제 이야기를 다뤄 줄 안내서가 필요하다고 여기며 글을 써 오고 있었는데, 김맥 목사님이 선수를 쳤습니다. 아쉽지만 그 자리를 김맥 목사님께 양보합니다. 하지만 청소년들에게 선물해 줄 좋은 책이 나왔다는 것이 너무나 기쁩니다.

  그동안 교회 공동체 안에서 터부시되었던 내용의 주제들을 재미있고 진지하게 풀어낸 『얘들아! 하나님 감성이 뭔지 아니?』라는 김맥 목사님의 책을 크리스천 10대에게 강력히 추천합니다.

추천사 7

전 영 헌 목사

브니엘예술고등학교 교목, 『오천 명을 먹이는 사람』 저자

  김맥 목사는 10대 청소년들이 시대적 흐름에 따라 타협하기 쉬운 분야에 대해 직설화법으로 정면승부를 선언한 듯합니다. 사회 변화에 따라 적당히 타협하기 쉬운 주제들을 나누어서 성경적 관점에서 이를 가감 없이 전통적 신앙논법으로 풀어냈기 때문입니다.
  김맥 목사는 10대들을 교회에 불러 모으기 급급해서 적당히 침묵했던 문제들을 재미있고 이해하기 쉽게 풀어서 이야기하고 있습니다. 학교와 교회 그리고 가정에서 오는 다양한 문제를 풀어내는 데 길잡이를 해 주는 책이기에 이 책을 적극 추천하는 바입니다.

얘들아! 하나님 감성이 뭔지 아니?

클릭! 청소년 신앙생활 지침서

Hello, Do You Know What God's Sensibility Is?
Written by Kim Maek
All rights reserved.
Korean Edition Copyright ⓒ 2022 by Christian Literature Center, Seoul, Korea.

얘들아! 하나님 감성이 먼지 아니?

클릭! 청소년 신앙생활 지침서

2022년 1월 10일 초판 발행
2022년 3월 31일 초판 2쇄 발행

지 은 이 | 김맥

편　　집 | 김효동
디 자 인 | 이지언
펴 낸 곳 | (사)기독교문서선교회
등　　록 | 제16-25호(1980. 1. 18.)
주　　소 | 서울특별시 서초구 방배로 68
전　　화 | 02-586-8761~3(본사) 031-942-8761(영업부)
팩　　스 | 02-523-0131(본사) 031-942-8763(영업부)
이 메 일 | clckor@gmail.com
홈페이지 | www.clcbook.com
송금계좌 | 기업은행 073-000308-04-020 (사)기독교문서선교회
일련번호 | 2022-4

ISBN 978-89-341-2377-4 (03230)

이 책의 저작권은 저자와 (사)기독교문서선교회가 소유합니다.
신저작권법에 의하여 한국 내에서 보호받는 저작물이므로 무단 전재와 무단 복제를 금합니다.

클릭! 청소년 신앙생활 지침서

얘들아!
하나님 감성이
뭔지 아니?

김 맥 지음

게임 해도 되나요?

혼전순결 지켜야 하나요?

유혹을 이길 수 있나요?

술, 담배 하면 안되나요?

하나님의 뜻 어떻게 아나요?

CLC

차례

추천사 1	신용기 목사	대구 회원교회 담임목사	1
추천사 2	안 민 박사	고신대학교 총장	2
추천사 3	마상욱 목사	청소년불씨운동 사무총장	3
추천사 4	김현철 목사	행복나눔교회 담임목사, 유스코스타 강사	4
추천사 5	곽상학 목사	다음세움선교회 대표, 유스코스타 강사	5
추천사 6	권오희 목사	나무와숲학교 교장, 유스코스타 강사	6
추천사 7	전영헌 목사	브니엘예술고등학교 교목	7

저자 서문   14

1. 크리스천은 술, 담배 하면 안 되나요?   18
2. 크리스천은 동거하면 안 되나요? 혼전 순결 지켜야 하나요?   25
3. 크리스천은 꼭 믿는 사람과 연애해야 하나요?   35
4. 크리스천은 어떻게 연애해야 하나요?   49
5. 크리스천은 게임해도 되나요?   62
6. 크리스천 우상 숭배! 도대체 뭔가요?   73
7. 크리스천은 어떻게 유혹을 이길 수 있나요?   82
8. 크리스천은 음란한 마음을 이겨낼 수 있나요?   92
9. 크리스천의 성공은 무엇인가요?   100
10. 크리스천! 당신은 하나님 앞에서 정직한가요?   108
11. 크리스천! 당신의 정체성은 무엇인가요?   114
12. 크리스천! 당신은 하나님을 경외하고 있나요?   120
13. 크리스천은 왜 주일을 거룩히 지켜야 하나요?   127
14. 크리스천은 하나님 뜻! 어떻게 알 수 있나요?   136

15. 크리스천! 우리를 산 제물로 어떻게 드리나요?	145
16. 하나님의 감정을 이해하라	152
17. 크리스천은 기도 어떻게 하나요?	157
18. 크리스천은 사명자다!(1)	173
19. 크리스천은 사명자다!(2)	182
20. 크리스천은 십계명! 지금도 지켜야 하나요?	199
21. 크리스천은 다음 생애가 있나요?	205
22. 평범한 사람 vs 재능 있는 사람! 하나님은 누구를 사용하실까?	213
23. 당신은 간절함이 있나요?	224
24. 아담, 당신은 왜 선악과를 먹었나요?	231
25. 모세는 왜 돌판을 깨뜨렸을까? 이성적인 사랑 vs 한결같은 사랑	235
26. 다니엘이 음식을 먹지 않은 이유는?	241
27. 사도 바울은 왜 감옥에 들어갔을까요?	247

저자 서문

김 맥 목사
대구 화원교회 고등부 전임목사

학생들과 함께 차를 타고 가고 있을 때였습니다. 여학생 한 명이 저에게 이런 질문을 했습니다.

"목사님! 목사님도 결혼 전에 동거하셨어요?"

저는 그 질문을 듣고 충격을 받았습니다. 제가 충격을 받았던 이유는 그 여학생이 새신자가 아니라 평소 교회에 열심히 다니고 있었고 구원의 확신도 있었으며 예수님을 사랑하는 학생이었기 때문입니다. 저는 그 여학생의 질문을 듣고 10초 동안 아무 말 없이 고민에 휩싸여 잠시 생각했습니다.

"저 친구가 나에게 이런 말을 하는 의도가 무엇일까?"

그렇게 짧은 시간 생각을 정리하고 그 여학생에게 크리스천이 동거를 어떻게 바라봐야 하는지 자세히 말해 줬습니다. 그 여학생은 고개를 끄덕이면서 말했습니다.

"목사님! 저는 지금까지 동거가 잘못된 줄 전혀 몰랐어요. 동거는 결혼 전에 다 하는 건 줄 알았어요."

그렇다면 그 여학생이 동거는 누구나 하는 합리적인 방법이라고 생각했던 이유가 무엇이었을까요!

바로 자신이 평소에 즐겨 보던 유튜브, 인스타그램에서 자연스럽게 나오는 동거 커플들을 보고 동거는 누구나 다 하는 것이라고 생각했던 것입니다.

저는 그 뒤부터 크리스천 청소년들이 꼭 알아야 할 사실이 무엇인지 고민하며 글을 쓰기 시작했습니다. 제가 14년 동안 청소년 사역을 해 오면서 겪었던 에피소드를 중심으로 학생들이 평소에 궁금해하는 질문들과 크리스천이 꼭 알고 있어야 할 사실들을 풀어 썼습니다.

크리스천은 담배와 술을 어떻게 바라봐야 할지, 결혼 전 동거와 혼전 순결을 어떻게 바라봐야 할지, 어떻게 연애를 해야 할 지 그리고 크리스천의 성공과 사명이 무엇인지를 그들의 언어와 문화에 맞게 썼습니다.

저는 크리스천 청소년들에게 가장 중요한 것은 '성경적 가치관을 형성하는 것'이라고 생각합니다. 성경적 가치관을 제대로 형성하지 않으면 세상의 유혹에 휩쓸릴 수밖에 없는 것이 지금의 현실입니다. 우리는 타락한 이 시대 속에 세상의 유혹에 휩쓸리지 않고 거룩한 하나님의 백성으로 살아가야 합니다. 그렇기 때문에 무엇이 옳고 그른지를 알아야 합니다.

14년 동안 청소년 사역을 하면서 너무나 안타까웠던 것은 크리스천 청소년으로 살아가는 것이 무엇인지를 이야기해 주는 책이 그렇게 많지 않았다는 것입니다. 어떻게 하면 청소년부를 부흥시킬 수 있을까에 대한 책은 많이 있지만 정작 우리 아이들이 세상에서 크리스천 청소년으로 살아가는 것이 무엇인지 알려 주는 지침서가 없기에 이렇게 펜을 들게 되었습니다.

저는 지금 이 시대가 여로보암 2세가 북이스라엘 왕으로 통치하던 시절과 비슷하다고 생각합니다. 여로보암 2세 시절 북이스라엘은 최고 전성기를 누렸습니다. 솔로몬왕 이후 최대 영토를 확장할 정도로 강한 군사력을 가지고 있었습니다. 강한 군사력을 바탕으로 무역을 통해 풍부한 경제력까지 갖추고 있었습니다.

하지만 그들은 영적으로 타락했습니다. 그들은 하나님을 떠났고 하나님을 더 이상 찾지 않았습니다. 하나님께서는 북이스라엘을 향해 선지자들을 보내셔서 하나님께로 돌아오라고 말씀하십니다. 하지만 아무도 선지자들의 말을 듣지 않습니다.

지금 우리가 살고 있는 대한민국은 경제가 어렵다고 하지만 건국 이래 최고의 풍요를 누리고 있다고 생각합니다. 수십 년 전만 하더라도 먹고 살 걱정을 해야 했던 대한민국이 이제는 경제대국으로 군사대국으로 위엄을 떨치고 있습니다.

하지만 그 어떤 때보다 영적으로 타락한 시대가 바로 이 시대입니다. 교회의 신자 수는 점점 줄어 가고 있으며 코로나 19로 더 많은 크리스천이 교회에서 빠져나가고 있습니다. 청소년부가 없는 교회도 많이 있습니다. 더 이상 청소년들이 교회에 오지 않으려고 합니다. 교회에 오지 않아도 집에 앉아서 하루 종일 재미있게 시간을 보낼 수 있는 것들이 너무나 많습니다.

교회에 다니는 청소년들도 세상의 가치관을 따라 그들의 죄악된 문화를 아무런 분별없이 따라가고 있습니다. 너무나 심각한 영적 시대가 바로 이 시대입니다. 이런 시대에 하나님께서 교회에게 바라는 것은 진리를 회복하고 다시금 하나님께로 돌아오는 것입니다. 우리는 하나님께로 돌아 가야 합니다. 하나님께서 원하시는 크리스천이 되어야 합니다. 우리가 하나님께 돌아갈 때 하나님께서 타락해 버린 이 땅을 다시금 회복시키며 은혜를 주실 것입니다.

저는 이 책을 많은 크리스천 청소년이 읽기를 바랍니다. 그래서 이 시대에 하나님께서 원하시는 사람이 어떤 사람인지 생각하며 알아가는 시간이 되기를 바랍니다. 더 나아가 이 책을 통해 크리스천 청소년들이 10대 때부터 하나님의 말씀을 붙들고 모세처럼, 다윗처럼, 다니엘처럼 귀하게 쓰임 받기를 축복합니다.

저는 이 책을 많은 청소년 사역자와 교사가 읽기를 바랍니다. 그래서 크리스천 청소년들이 믿음으로 살아 가는 것이 무엇인지 바르게 알기를 원합니다. 여러분을 통해 청소년부가 변화되고 더 나아가 교회가 변화되기를 축복합니다.

저는 이 책을 자녀를 둔 부모님이 읽기를 바랍니다. 그래서 하나님께서 원하시는 크리스천의 모습이 어떤 모습인지 분별해서 아이들을 바르게 양육하기를 바랍니다.

저는 이 책을 모든 크리스천이 읽기를 바랍니다. 그래서 옳고 그름이 무엇인지 분별하며 하나님의 말씀을 따라 살아가는 여러분이 되기를 축복합니다.

마지막으로 이 책을 쓸 수 있도록 저를 이끌어 주신 저의 영적 스승이신 대구 화원교회 신용기 담임목사님께 감사드립니다.

저를 지금까지 신앙으로 키워 주신 사랑하는 김석원, 박차연 부모님께 감사드립니다.

옆에서 힘이 되어 준 아내 김미란 사모에게 감사하며 3년 동안 저와 함께 해 오고 있는 화원교회 고등부 교사들과 학생들에게 감사드립니다.

1. 크리스천은 술, 담배 하면 안 되나요?

현재 나는 대구 화원교회 고등부 전임목사로 있다. 얼마 전 남학생 한 명을 고등학교에서 집으로 데려다주고 교회로 돌아 가고 있을 때였다. 차에서 내려 교회 사무실로 들어가고 있는데 데려다준 학생에게 연락이 왔다.

학생: 목사님!
나: 응, 그래.
학생: 목사님, 저… 차에 구름 과자를 놔두고 내렸는데 혹시 있나요?
나: 응? 목사님이 지금 교회에 들어와서 내일 확인하고 연락 줄게!
학생: 아!(당황한 목소리) 네… 알겠습니다.

그때 그 남학생의 연락을 받으면서 난 구름 과자가 뭔지 몰랐다.
'구름 과자라니?'
'어떤 과자이길래 놔두고 내렸지. 내일 내가 확인하고 먹던가 해야겠네'라는 생각까지 했으니 말이다.
다음날 아침이 되고 나는 다른 고등학생들을 학교로 태워 주기 위해 교회 차를 탔다. 학생들과 만나기로 한 목적지까지 열심히 가고 있는데 어제 데려다줬던 남학생의 말이 떠올랐다.

그래서 운전 중 과자가 어디 있는지 궁금해서 뒤를 살짝 돌아봤는데, 내 눈에는 맛있는 과자가 아닌 조그만 네모난 상자가 있었다. 그것은 바로 담배였다. 그제서야 어제 그 남학생의 당황했던 목소리가 생각났다. 그 남학생은 나에게 담배를 놔두고 내렸다고 말할 수 없어서 구름 과자라고 돌려 말했던 것이다.

그렇게 운전을 하며 구름 과자가 진짜 과자가 아닌 담배라는 것을 확인한 나는 당황했다.

왜냐하면, 다른 고등학생들을 태우러 가고 있는데 교회 차에 담배가 덩그러니 놓여 있으면 학생들이 뭐라고 생각하겠는가?

그것도 지금 태우러 가는 학생들 중 교회를 다니지 않는 학생이 두 명이나 있었는데 말이다. 내가 학생들보다 먼저 도착하면 빨리 내려서 담배를 가져 가야겠다고 생각했지만, 내 마음과는 다르게 이미 아이들은 나를 기다리고 있었다. 그래서 아이들이 차에 타자마자 왜 교회 차 안에 담배가 있는지 아주 자세히 설명해야 했다.

이렇게 고등학생을 지도하다 보면 담배와 술은 꼭 피해 갈 수 없는 문제이다. 많은 고등학생이 나에게 꼭 한 번씩 물어보는 질문이 있다.

"목사님! 크리스천이 담배와 술을 하면 죄인가요?"

과연 담배와 술을 하는 것이 죄일까?

그렇다면 성경에는 담배와 술에 대해 뭐라고 이야기하고 있을까?

"담배를 피지 마라. 니코틴이 너를 지배할 것이다."

성경에 이런 말이 있으면 아이들에게 당당하게 말이라도 할 수 있을 텐데 성경에 그런 말은 어디를 찾아봐도 보이지 않는다. 그리고 학생들이 특히 많이 물어보는 질문이 있다.

"목사님, 성경에 보면 술 취하지 말라고 했잖아요. 취하지만 말라고 했으니 술은 마셔도 되는 거 아닌가요?"

나는 그럴 때마다 '사도 바울은 술 마시지 말라고 하시지 왜 술 취하지 말라고 하셔서 사람들을 헷갈리게 하고 있는 것일까'라고 생각하기도 했다.

그렇다면 크리스천은 담배와 술을 해도 되는가?

먼저 결론부터 말하자면 'NO'이다!

그렇다면 내가 왜 이런 주장을 하고 있는지 성경을 통해 함께 살펴보자!

> 낮에와 같이 단정히 행하고 방탕하거나 술 취하지 말며 음란하거나 호색하지 말며 다투거나 시기하지 말고 오직 주 예수 그리스도로 옷 입고 정욕을 위하여 육신의 일을 도모하지 말라(롬 13:13-14).

사도 바울은 로마 교인들을 향해 낮처럼 단정히 행하고, 방탕하지 말고, 술 취하지 말며, 음란하지 말며, 호색하지 말며, 다투거나, 시기하지 말라고 말한다. 그리고 그 뒤에 아주 중요한 말을 하는데 예수 그리스도로 옷 입은 사람은 정욕을 위해 육신의 일을 도모하지 말라고 말하고 있다.

자! 그렇다면 담배와 술은 우리가 어떻게 봐야 하는가?

예수님을 믿는 사람들은 자신의 정욕을 위해 육신의 일을 도모하지 않는 것이 정답이다. 나는 담배와 술을 할 수 있지만 그것은 하나님께서 기뻐하시는 것이 아니기 때문에 하지 않는 것이다.

1) 우리는 예수 그리스도의 옷을 입은 사람들이다!

로마서 13장 14절을 보면 사도 바울은 로마 교인들을 향해 너희는 예수 그리스도로 옷 입은 자들이라고 말한다. 예수 그리스도로 옷 입은 자들은 바로 예수님을 믿는 사람을 가리키는 것이다.

예수 믿는 사람들에게 예수님은 단순히 우리의 죄를 용서해 주신 고마우신 분이 아니다. 이제 예수님은 내 죄를 용서하신 나의 구원자이시며 나의 왕이시며 나의 주인이시다.

그렇기 때문에 예수님을 모를 때 내 정욕대로 살았던 모습들처럼 더 이상 살아선 안 된다. 이제 예수님이 나의 주인이시기 때문에 예수님의 말씀을 따라 살아가야 한다.

사도 바울은 이렇게 고백했다.

> 내가 그리스도와 함께 십자가에 못 박혔나니 그런즉 이제는 내가 사는 것이 아니요 오직 내 안에 그리스도께서 사시는 것이라. 이제 내가 육체 가운데 사는 것은 나를 사랑하사 나를 위하여 자기 자신을 버리신 하나님의 아들을 믿는 믿음 안에서 사는 것이라 (갈 2:20).

현재 당신은 누구를 위해 살아가고 있는가?

2) 정욕대로 살지 마라!

정욕이란 인간의 마음속에 일어나는 여러 가지 욕구를 뜻하는 단어이다. 예수님을 믿는 사람들은 더 이상 정욕을 위해 사는 사람이 아니다. 담배와 술은 내 정욕을 위해 하는 것이지 하나님 영광을 위해 하는 일은 아니다.

　나도 실제로 담배를 피운 경험이 있다. 초등학교 1학년 때 동네 형 집에 놀러 갔는데 형이 나에게 이렇게 말했다.

동네 형: 맥아! 재미있는 거 하나 보여 줄까?

나: 응? 뭐야? 형!

동네 형: 잠시만 기다려 봐(담배를 가지고 나옴). 이게 뭐게?

나: 형 … 이거 담배잖아 …(당황).

동네 형: 응 … 이거 피면 재미있어. 한 번 해 볼래?

나: 응? …

동네 형: 자 해 봐(건네 준다).

나: (담배를 피자마자 바로 기침한다.) 뭐야? 형! 나 이거 안 해!

　그게 내 인생 첫 담배였다. 난 초등학교 1학년 때 담배를 처음으로 폈다. 그 뒤에는 단 한 번도 피지 않았지만 그 누구보다 빨리 담배를 경험한 사람이다. 그리고 난 내일 담배를 피는 학생들을 만난다. 한 번은 담배를 피는 학생에게 물어봤다.

나: 친구야~ 담배 왜 펴?

학생: 아~ 목사님 … 그냥 담배 필 때면 아무런 생각이 안 들어요. 고통스러웠던 순간이 다 잊혀져요.

나: 아, 그렇구나. 그래도 건강에 안 좋으니까 좀 줄여~!

학생: 네. 목사님.

술은 또 어떤가?

난 고등학교 때 친구들을 따라서 처음으로 술집을 가 봤다. 그때 소맥을 처음으로 먹어 봤다. 그렇게 술집에 간 이후로 술은 입에 댄 기억이 없다. 이유는 하나였다. 그때 난 운동을 한창 열심히 하고 있었기 때문에 더 이상 술을 마시지 않았다.

그렇다면 술 마시는 이유가 무엇인가?

마시면 기분이 좋기 때문이다. 그 순간만큼은 내가 가지고 있는 문제와 고통으로부터 벗어날 수 있다. 하지만 술 또한 해결책이 될 수는 없다.

그렇다면 우리는 담배와 술에 어떤 자세로 나가야 하는가?

나는 예수님을 믿는 자로서 더 이상 육신의 정욕을 위해 사는 사람이 아니기 때문에 담배와 술은 하지 않는 것이 맞다. 담배와 술을 하는 목적은 내가 하나님의 영광을 위해 하는 것이 아니기 때문이다. 만약 담배와 술이 하나님께서 기뻐하시는 일이라면 나는 24시간 내내 담배와 술을 놓지 않을 것이다.

"목사님! 담배와 술이 죄인가요?"

학생들이 나에게 이렇게 물어볼 때 나는 단호하게 담배와 술은 하나님 앞에 옳지 못한 것이라고 말한다. 그런데 그때 이 말을 듣는 학생들 중에 이런 학생들이 있다. 자신은 이미 담배와 술을 하지 않고 있기 때문에 '괜찮은 사람'이라고 착각하는 친구들 말이다.

나는 그럴 때 이 친구들에게 꼭 이 말도 덧붙여서 함께 말한다.

학생: 목사님! 담배와 술 마시는 게 죄인가요?

나: 친구야, 우리의 모든 행동이 하나님의 영광이 되어야 하는데 담배와 술은 하나님의 자녀로서 하나님께 영광 올려 드리는 일이 아니겠지?

당연히 담배와 술은 끊어야 해!! 그런데 네가 기억해야 할 것이 하나가 있어! 술과 담배는 겉으로 드러나서 잘못된 것이라는 것을 알 수 있지만 사람의 눈에 드러나지 않는 악한 것들이 많이 있단다.

학생: (놀라면서) 그게 뭐예요?

나: 그래. 사람의 눈에 보이지 않으면서 악한 것들이 바로 시기, 질투, 교만, 음란, 거짓, 비방, 살인 … 등 많이 있잖아 …이건 감추면 눈에 드러나지 않지만 내 마음속에서 이런 것들을 해결하지 않으면 담배와 술보다 더 나쁠 수 있어!

학생: 아! 알겠습니다. 목사님.

    나를 위해 십자가에 못 박히시고 3일 만에 부활하신 예수님을 나의 왕과 주인으로 인정하지 않고 내 정욕대로 살아가고 있는 우리의 모든 것이 바로 하나님께서 원하시지 않는 죄라는 것을 기억하자.

    예수님이 나의 왕이시기 때문에 담배와 술은 할 수 있지만 하지 않는 것이다. 그리고 너 놀라운 것은 담배와 술은 내 정욕의 일부분 중의 하나일뿐이다. 담배나 술 외에 우리의 행동과 마음속에 일어나는 시기, 질투, 비방, 음란, 교만 등등 을 이겨 내지 못하고 잠식당해 있다면 하나님 앞에 회개하며 은혜를 회복해야 할 것이다.

2. 크리스천은 동거하면 안 되나요? 혼전 순결 지켜야 하나요?

고등학생 심방을 다니다 보면 가끔씩 학생들이 물어보는 질문에 당혹스러울 때가 있다. 예를 들면 이런 것들이다.

"목사님 첫사랑은 언제세요?"
"목사님 연애할 때 스킨십은 어디까지 해야 해요?"
"목사님 몸은 왜 그렇게 크세요?"(몸이 큼 …)

전혀 생각하지 못했던 질문을 들었을 때 순간 어떻게 대답을 해 줘야 하나 고민하기도 한다. 얼마 전 차를 타고 학생들과 함께 심방 중이었다. 그때 여학생 한 명이 나에게 이런 질문을 했다. 그 질문은 지금까지 내가 받아 본 질문 중에 제일 당황스러운 질문이었다.

학생: 목사님!
나: 그래.
학생: 혹시 목사님도 결혼 전에 동거하셨어요?
나: 응? … 동거? … (당황)
학생: 네! 동거요.
나: 안 했지! 음 …(동거에 대해 어떻게 말해야 하나 … 고민 중 …).

전혀 생각하지 못했던 질문이라 어떻게 이야기를 해 줘야 하나 생각하다 10초 간 정적이 흘렀다. 그 짧은 시간 동안 제일 먼저 내 머릿속에 이런 생각이 들었다.

'이 여학생이 나에게 질문한 의도가 무엇인가?'

처음에는 그 여학생이 나를 놀리려고 일부러 그런 질문을 한 줄 알았다. 하지만 아니었다. 그 여학생이 나에게 동거를 해 봤냐고 물어봤던 이유는 말 그대로 순수한 마음으로 동거를 해 봤는지에 대한 궁금증이었다.

나중에 대화를 하면서 알게 된 사실은 그 여학생은 동거는 결혼 전에 사랑하는 사람과 자연스럽게 할 수 있는 것이라고 생각하고 있었다. 그래서 목사인 나 또한 당연히 결혼 전에 동거를 했을 거라는 생각에 동거하면 뭐가 좋은지 궁금해서 물어봤던 것이다.

초롱초롱한 눈빛으로 내 대답을 기다리는 여학생을 뒤로 한 채, 나는 짧은 시간 동안 동거를 크리스천의 시각에서 어떻게 바라봐야 하는지 생각을 정리했고 그 여학생이 이해할 수 있도록 말해 주었다.

자, 그렇다면 동거란 무엇인가?

동거의 사전적 의미는 부부가 아닌 남녀가 부부관계를 가지며 한 집에서 함께 사는 것이다. 즉 결혼하지 않고 실제 부부처럼 생활하는 것이 바로 동거인 것이다.

요즘은 각종 SNS를 통해 동거하는 커플들을 심심찮게 볼 수 있다. 전 세계에서 가장 많이 보는 유튜브에서 '동거 커플'이라고 검색하면 엄청나게 많은 동거 커플의 영상을 볼 수 있다.

영상에는 서로 동거하면서 겪는 에피소드를 비롯해, 동거를 해 보면 이런 점이 좋고 저런 점이 좋으며 앞으로 결혼 전에 꼭 동거를 해 보라며 추천하는 영상을 볼 수도 있다. 우리는 동거가 너무나 자연스러워진 시대를 살아가고 있다.

자, 그렇다면 크리스천은 과연 동거를 어떻게 봐야 할까?

"동거는 결혼 전에 남녀가 함께 살면서 내 짝으로 평생 함께할 수 있는 사람인지 가늠해 볼 수 있는 좋은 방법 아니야?"

아니면

"아무리 그래도 그렇지.

어떻게 결혼하지 않은 남녀가 부부처럼 살 수 있어?

동거는 안돼!"

과연 누구의 말이 옳은 것일까?

지금부터 하나님께서 동거에 대해 뭐라고 말씀하시는지 함께 살펴보자!

1) 결혼은 인간이 만든 법이 아니라 하나님께서 만드신 법이다!

> 여호와 하나님이 아담을 깊이 잠들게 하시니 잠들매 그가 그 갈빗대 하나를 취하고 살로 대신 채우시고 여호와 하나님이 아담에게서 취하신 그 갈빗대로 여자를 만드시고 그를 아담에게로 이끌어 오시니 아담이 이르되 이는 내 뼈 중의 뼈요 살 중의 살이라 이것을 남자에게서 취하였은즉 여자라 부르리라 하니라 이러므로 남자가 부모를 떠나 그의 아내와 합하여 둘이 한 몸을 이룰지로다(창 2:21-24).

창세기 2장에 나오는 성경 말씀을 보면 우리는 두 가지 사실을 알 수 있다.

첫째, 결혼은 인간 스스로 만들어 낸 것이 아니라 하나님께서 인간을 창조하시면서 주신 하나님의 법이다.

그래서 인간은 반드시 결혼을 통해 부부가 된 후 함께 살아갈 수 있다. 한 남자와 한 여자가 만나 하나님과 사람들 앞에서 서약을 하고 결혼한 뒤 부부가 되어 살아가는 것이다.

그렇기에 동거는 결혼 전 부부로 평생을 살아갈 수 있는 사람인지 확인하는 합리적인 방법이 아니다. 오히려 동거는 하나님의 창조질서를 무너뜨리는 행위이다.

둘째, 남녀의 성관계는 하나님께서 인간을 창조하시면서 부부에게만 허락하신 것이다.

24절 말씀을 보라. 남자가 부모를 떠나 아내를 만나 함께 결혼해서 한 몸을 이루게 되는 것이다. 우리는 여기서 또 한 가지 사실을 알게 된다.

크리스천이 혼전 순결 그리고 결혼 후 순결도 지켜야 하는 이유는 하나님께서 인간에게 그렇게 하라고 말씀하셨기 때문이다.

2) 결혼 전 상대방과 성관계를 하는 것은 곧 하나님 앞에 큰 죄악이라는 것을 알아야 한다

얼마 전 책을 빌리기 위해 도서관에 갔다. 도서관 신간 코너에 무슨 책이 있는지 구경하고 있었는데 청소년 성교육에 대한 책들이 몇 권 있었다. 나는 세상에서 말하는 성교육이 무엇인지 궁금해서 책을 들고 읽기 시작했다.

그런데 내가 집어 든 모든 청소년 성교육 책에서는 시종일관 동일하게 말하는 것이 한 가지 있었다. 청소년들에게 피임법을 잘 가르쳐야 하는데 성관계를 할 때는 콘돔을 착용하라고 말하고 있었다.

나는 이 부분을 읽으면서 많은 위기의식을 느꼈다. 왜냐하면, 이미 세상 성교육은 사랑하면 결혼하지 않아도 누구와도 성관계를 맺어도 된다는 인식하에 아이들을 가르치고 있었던 것이다.

나는 성교육 책들을 읽고 심각한 고민에 빠졌다. 우리 아이들도 저런 성교육을 받는다고 생각하니 가슴이 철렁했다. 하루빨리 아이들에게 성경적 성교육이 무엇인지 가르쳐 줘야 한다는 생각이 들었다.

예전에 드라마를 보는데 충격을 받은 적이 있다. 드라마에서 서로 사랑하는 연인이 결혼하기 전 준비를 하고 있었다. 어느 날 여자가 헛구역질을 해서 놀라 병원으로 갔더니 의사가 임신한 지 3주가 지났다고 말했다. 연인은 기뻐하며 부모님께 이 소식을 알렸고 부모님은 결혼 전에 혼수를 벌써 준비해 왔다며 기뻐하는 장면이었다.

드라마에서 극적인 장면을 위해 간간이 결혼 전 임신한 장면이 나오기도 하지만 내가 놀랐던 것은 임신을 하고 난 뒤 오히려 축하해 주는 장면이었다. 이제 드라마에서 결혼 전 임신 소식이 나오는 것은 흔한 장면이고 그것은 더 이상 숨겨야 할 것이 아닌 당당하게 밝혀서 축하받는 시대가 되었다.

그래서 내가 청소년들에게 혼전 순결을 지켜야 한다고 외치면 많은 사람에게 내 논리가 상당히 구식적이며 고리타분한 말처럼 들릴 수도 있다.

요즘 현실을 봐도 혼전 순결을 지키려고 하는 사람이 몇이나 있을까?

지금까지 청소년 사역을 해 왔던 경험상 거의 없음을 확신한다. 세상의 문화는 내가 사랑하면 상대방과 성관계를 가지는 것을 당연하게 생각한다. 그런데 문제는 크리스천까지 이런 문화와 가치관에 물들어 동거는 결혼 전에 할 수 있는 아주 합리적인 방법이며 결혼 전에 사랑만 하면 상대방과 성관계를 가져도 괜찮다는 잘못된 생각에 사로잡혀 있다.

그렇다면 성경에서 결혼 전, 결혼 후(배우자 외에) 성관계를 맺지 말라는 말이 어디에 있는가?

간음하지 말라(출 20:14).

출애굽기 20장 14절은 십계명 중 일곱 번째 계명으로 하나님께서 간음하지 말라고 말씀하신다.

자, 그렇다면 간음의 사전적 의미가 무엇일까?

간음은 합법적인 혼인 관계를 벗어나 가지는 성관계로서 결혼 전이나 결혼 후 배우자가 아닌 사람과 성관계를 가지는 것이다.

그렇다면 예수님께서는 간음에 대해 뭐라고 말씀하셨을까?

또 간음하지 말라 하였다는 것을 너희가 들었으나 나는 너희에게 이르노니 음욕을 품고 여자를 보는 자마다 마음에 이미 간음하였느니라(마 5:27-28).

예수님께서는 직접적인 성관계뿐만 아니라 이미 배우자 외에 다른 여인을 보고 마음에 음욕을 품는 것 자체가 간음이라고 말씀하신다. 성경을 근거로 했을 때 결혼 전 동거는 이미 하나님 앞에 간음 죄를 저지르고 있는 것이다. 그렇기 때문에 크리스천의 결혼 전 동거는 하나님 앞에 큰 죄악임을 알 수 있다.

3) 하나님께서는 왜 부부끼리 성관계를 하라고 말씀하셨을까?

여기서 궁금한 것이 한 가지 있다.
하나님께서는 왜 부부만 성관계를 하라고 말씀하셨을까?
우리가 기억해야 할 사실이 있다. 하나님의 말씀에는 다 이유가 있다.
예를 들어 부부 외에 남녀가 사랑을 하면 결혼하지 않아도 성관계를 마음껏 할 수 있는 사회가 되어 버린다면 어떤 일이 벌어질까?
더 이상 사람들이 결혼을 할 이유가 없어진다. 결혼하지 않아도 마음에 드는 사람을 골라 가며 성관계를 할 수 있기 때문에 결혼해야 할 이유가 없다. 결혼하지 않게 되면 결국 가정이 깨지게 되고 가정의 깨짐은 사회의 혼란과 문제로 다가오게 된다. 사회의 혼란은 결국 그 나라의 멸망을 초래하게 된다.
그리고 놀랍게도 우리 주변에서 그런 모습들을 보고 있지 않은가?
실제로 영국 옥스퍼드대학교인구문제연구소에서 충격적인 연구결과를 발표했다. 지난 2006년 지구상에서 인구 감소로 제일 먼저 사라질 나라가 대한민국이라고 발표했다. 현재 대한민국의 출산율은 전 세계에서 가장 낮다.
그렇다면 대한민국의 출산율이 왜 이렇게 낮은가?
더 이상 결혼하지 않기 때문이다.
그렇다면 결혼하지 않는 이유가 무엇인가?

여러 가지 이유가 있다. 신혼부부가 마련하기엔 값비싼 집값, 결혼 후 불안정한 직장 생활, 기타 등등 많은 이유가 있다. 하지만 나는 가장 큰 이유가 더 이상 결혼하지 않아도 마음껏 성의 자유를 누릴 수 있는 시대가 되었기 때문이라고 생각한다.

집값의 문제가 아니다. 자녀를 키우면서 겪는 어려움이 아니다. 성의 자유로 더 이상 결혼하지 않아도 오히려 많은 사람과 마음껏 성관계를 할 수 있는 사회가 되었기 때문이다.

오래 전에 고 3 때 같은 반이었던 학생들이 함께 모여서 동창회를 했던 적이 있다. 그때 당시 나는 신혼 초기였는데 친구들 중 결혼한 사람은 유일하게 나 혼자였다. 친구들끼리 만나서 옛날이야기를 하며 즐거운 시간을 보내고 있는데 친구 한 명이 나를 보며 이해가 안 된다는 표정으로 이렇게 말했다.

"너는 한 여자하고만 사는 게 재미있냐?"

아직 결혼하지 않았던 친구였기에 나는 웃으면서 넘어갔지만 속으로는 친구의 질문에 큰 충격을 받았다. 오히려 그 친구는 한평생 한 여자하고만 살아간다는 것을 이해할 수 없다고 말했다. 나는 그 친구의 말이 지금 이 시대의 현실이라고 생각한다. 원나잇 스탠드(One-night stand)가 당연한 세상, 결혼 전 동거는 필수사항, 결혼 전 성관계는 기본이 되어 버린 시대에 우리는 살아가고 있다.

하나님께서는 인간에게 결혼이라는 법을 주셨고 한 남자와 한 여자가 서로 만나 결혼해서 부부가 된 후 한 몸을 이루게 하셨다. 크리스천은 결혼 전까지 하나님께서 나에게 짝지어 주신 사람(연인)을 사랑해야 한다.

하지만 그 사랑이 부부처럼 함께 살면서 성관계를 맺는 데까지 이르러서는 안 된다는 것을 명심해야 한다. 우리는 결혼 전까지 하나님께서 주신 우리의 성을 귀하게 여기고 죄를 짓지 않도록 조심해야 한다.

> 나: 친구야! 결혼이라는 제도는 하나님께서 만드신 거고 한 남자와 한 여자가 서로 만나 결혼해서 부부로 살아갈 수 있게 하셨단다. 결혼 전 동거는 크리스천이 하지 않아야 하는 거다!
> 학생: 네! 목사님! 저는 지금까지 동거가 전혀 잘못됐다고 생각을 못 했어요!
> 나: 그래. 힘내자!

그렇게 서로 이야기를 하고 좋은 결론에 이르렀다. 그런데 내가 처음 그 여학생의 질문에 당황했던 이유는 나에게 질문한 여학생이 구원의 확신도 있었고 신앙생활도 열심히 하고 있었으며 예수님을 사랑하는 학생이었기 때문이다.

자, 그렇다면 그 여학생은 왜 결혼 전에 동거할 수 있다고 생각했던 것일까?

첫째, 아무도 그 여학생에게 동거에 대해 말해 준 사람이 없었다. 크리스천이 동거를 어떤 관점에서 봐야 하는지, 동거가 왜 성경적으로 옳지 못한 것인지 듣지 못했던 것이다.

둘째, 자신이 평소에 즐겨 보는 인스타그램나 유튜브에 동거 커플들이 올린 재미있는 영상들을 자연스럽게 접하면서 동거는 결혼 전에 당연히 해도 된다고 생각했다.

오늘 이 시대는 선과 악의 경계선이 모호해진 시대이다. 수십 년 전까지만 하더라도 예수님을 믿지 않는 사람들 역시 악에 대한 경계선을 확실히 가지고 있었다.

하지만 지금은 그런 경계선이 허물어져 버린 시대이기에 옳고 그름이 아니라 서로 다름이라는 허울적인 변명 앞에 우리는 서서히 무너져 가고 있다.

그럼에도 한 가지 감사한 것은 아직까지 깨어 있는 크리스천이 많이 있으며 하나님의 말씀을 따라 살기 위해 치열하게 세상에서 버텨 내며 싸워 나가고 있다는 사실이다. 하나님을 향한 신실한 사람들을 통해 하나님께서 일하시기를 기대한다. 당신이 그런 사람이 되기를 바란다.

마지막으로 현재 동거하고 있거나 연인과 사랑하는 감정을 넘어 육체적인 관계에 이르렀다면 하루빨리 예수님 앞에 나와서 간절히 회개하고 다시는 죄를 짓지 말도록 해야 할 것이다.

3. 크리스천은 꼭 믿는 사람과 연애해야 하나요?

나는 중고등학교를 남자들이 우글거리는 남중, 남고를 나왔다. 여자애들과는 초등학교까지만 함께 다녔고 그 이후부터는 남자들만 모여 있는 곳에서 대부분의 학창 시절을 보내야 했다.

남자들만 있는 곳에서 제일 부러운 선망의 대상이 누구인지 아는가?
잘 생긴 사람?
운동을 잘하는 사람?
공부를 잘하는 사람?

아니다. 학교에서 선망의 대상이 되는 사람은 쉬는 시간에 여자 친구와 문자를 주고받는 친구였다. 아직도 고등학교 2학년 때 일이 생각난다. 개학한 지 얼마 지나지 않았는데 친구 한 명이 반을 돌아다니면서 이렇게 말했다.
"나 100일 됐는데 1,000원만 선물로 줘!"
그 친구는 개학한 지 얼마 되지 않았음에도 잘 모르는 친구들 앞에 가서 환한 표정을 지으며 돈을 달라고 했다(협박이나 강요는 아니었다).

그 친구는 그렇게 반을 돌면서 돈을 구걸했고 그 돈을 모아서 100일 날 여자 친구에게 이쁜 선물을 사 줄 거라고 했다. 그 친구는 돌고 돌아 결국 내가 있는 곳까지 왔고 나에게도 미소를 지으며 말했다.

친구: 나 100일 됐는데 1,000원만 줘! 여자 친구랑 감사하게 잘 쓸게.
나: 응? 그래~ 내일 줄게(함께 미소 지으면서 …).
친구: 고마워.

그 친구는 돈을 주지도 않았는데 고마워하며 지나갔다. 다음날이 되었을 때 다시 그 친구가 나를 찾아왔다.

친구: 나 왔어. 친구야, 부탁한다!
나: 아~ 그래, 그래. 너 100일이었지?
　잠시만!(종이와 펜을 꺼냄).
친구: (불안함) 응 … 그래.

나는 종이와 펜을 꺼내서 빈 종이에 1,000원이란 글자를 큼지막하게 쓰고 종이돈을 만들어 그 친구에게 건네주었다. 그때 친구가 당황해서 나를 쳐다보던 표정이 아직도 잊혀지지 않는다. 그 이후 나에게는 절대 돈을 달라고 하지 않았다. 그때 난 종이돈을 줘서 돌려보냈지만 내심 그 친구가 많이 부러웠다.
하지만 부럽다고 해서 연애를 다 할 수 있는 것은 아니지 않는가?

나는 그렇게 중고등학교 시절을 솔로로 보내고 대학교에서 지금의 아내를 만나 연애를 하고 결혼에 골인했다. 예전이나 지금이나 중고등학교 때 가장 관심을 쏟는 것 중 하나가 연애이다.

20년 인생 동안 솔로였던 나도 연애에 엄청난 관심이 있었듯이 누구나 연애에 관심이 많다. 크리스천도 마찬가지이다. 크리스천도 이성을 보면 호감을 느낀다. 사랑의 감정을 느끼고 서로 연애를 하기도 한다.

그런데 우리가 꼭 기억해야 할 한 가지 사실은 크리스천은 세상 사람들이 하는 연애와 달라야 한다.

크리스천의 연애는 세상 사람들의 연애와 어떻게 달라야 할까?

오늘의 주제는 '크리스천은 꼭 믿는 사람과 연애를 해야 하나요'이다. 먼저 결론부터 내리자면 'YES'이다.

그렇다면 나는 왜 믿지 않는 사람과의 연애와 결혼을 반대하는가? 왜냐하면, 크리스천과 믿지 않는 사람 사이에는 엄청난 차이점이 있기 때문이다.

그렇다면 그 차이점은 무엇인가?

1) 넌크리스천과 연애를 반대하는 이유는 서로의 가치관이 전혀 다르기 때문이다

넌크리스천 (Non-christian)과 연애를 반대하는 이유는 크리스천은 예수님을 왕으로 인정하며 살아가는 사람이고 넌크리스천은 자기가 주인이 되어 살아가는 사람이기 때문이다. 이 차이는 상당히 크다.

예전에 고 3 남학생 한 명이 있었다. 그 친구는 고등학교 2학년 때까지 어머니와 다른 교회를 다니다가 3학년 때 어머니가 다니는 우리 교회로 왔다.

그런데 이 친구가 동계수련회 때 뒤집어졌다. 저녁 집회 때 말씀에 은혜받고 눈물 흘리며 뜨겁게 회개하며 기도했다. 평소에 눈물을 흘리는 모습을 보여 준 적이 없었던 친구였기에 더욱 놀랐었다.

수련회가 끝난 이후 이 친구의 얼굴 표정이 완전히 달라졌다. 미소가 끊이질 않았다. 그리고 열심히 신앙생활을 했다. 토요일 날에 하는 고등부 기도회도 나와서 뜨겁게 기도했다.

친구 초청 주일에는 고 3인데 무려 친구를 2명이나 전도했다(1명은 지금도 교회 다님!). 정말 멋진 친구였다. 그런데 이 친구가 어느 순간부터 교회에 보이지 않기 시작했다.

무슨 일이지?

친구에게 연락했다.

나: 어 … 우리 OO 잘 있었어?

친구: 아! 목사님, 안녕하세요. 잘 있습니다.

나: 그래! OO아.

근데 요즘 교회에서 잘 안 보이더라. 기도회 때도 안 보이고 … 무슨 일 있니?

친구: 아 … 저 … 그게 … 여자 친구가 예배 빼곤 가지 말라고 해요 ….

나: 어?(당황) 여자 친구가?

친구: 네 … 목사님! 정말 죄송합니다.

나: 아 … 아니 … 잠깐만 ….

이 친구의 신앙이 급속도로 식어진 이유는 단 한 가지였다. 여자 친구 때문이었다. 여자 친구는 이 친구가 교회를 가는 것을 몹시 못마땅해 하며 싫어했다.

이유는 간단했다. 그곳에서 자신 말고 다른 여자들과 말 섞는 게 싫다는 것이었다. 결국, 이 친구는 고민하다가 기도회를 빠지기 시작했다. 그리고 찬양팀도 그만 두었다. 나중엔 교회까지 잘 나오지 않았다.

이 친구의 말을 듣고 난 뒤 … 나는 그 친구의 마음을 돌리기 위해 많이 노력했다. 끈질기게 연락했다. 아직도 그 친구와의 카톡이 기억난다.

나: OO야. 목사님이다. 목사님은 네가 제자 훈련 받았으면 좋겠다. 흔들리지 말고 고 3 믿음으로 이겨 내자.

학생: 네. 목사님. 알겠습니다. 제자 훈련 받겠습니다.

그 친구가 제자 훈련을 받는다는 말에 기뻐서 그 자리에서 춤을 췄다. 제자 훈련만 시작하면 충분히 여자 친구의 유혹을 이겨 낼 수 있을거라 확신했다. 하지만 그것은 나의 착각이었다. 며칠 뒤 그 친구에게 다시 연락이 왔다.

학생: 목사님. 저 OO인데요…

나: 오! 그래. 웬일이야?

먼저 연락을 다하고. 감동이네!

학생: 네. 목사님. 저 그게 … 제자 훈련 못할 것 같아요.

나: 응? 왜? 하기로 목사님이랑 약속했잖아!

학생: 아 … 목사님. 정말 죄송합니다.

나: ○○아. 제자 훈련 하자! 해야 해!

학생: 죄송합니다.

결국 그 친구는 제자 훈련을 받지 않았다. 그 이후 점점 교회에서 보이지 않았다. 수능을 치고 고 3이 끝나갈 무렵 그 친구 소식을 듣게 되었다. 수능이 끝난 후 여자 친구와 헤어졌다는 소식이었다.

너무 안타까웠다. 그 친구가 수련회 때 눈물 흘리며 회개하던 모습이 생각났다. 다시 그 친구에게 연락을 했다. 청년부에 가서 꼭 신앙생활을 열심히 하자고 권면했다. 그 친구가 감사하게도 현재 청년부에서 열심히 신앙생활을 하고 있다.

오늘 내가 당신에게 여자 친구 때문에 교회를 잠시 떠났던 남학생의 이야기를 하는 이유가 있다. 크리스천이 넌크리스천과 연애를 하면 신앙적으로 부딪치는게 엄청나게 많을 것이다.

예를 하나 들어보자.

진구가 수선한 소개팅으로 드디어 남자 친구를 사귀게 되었다. 남자 친구를 볼 때마다 흐뭇하다. 평소에 그토록 바라던 이상형이었기 때문이다. 그렇게 사귄지 10일이 지나고 50일이 지나고 이제 100일을 일주일 앞두고 있다. 그런데 남자 친구가 나에게 이렇게 말했다.

남자 친구: ○○아. 이제 우리 100일이 일주일 남았네! 그치?

나: 응! 너무 기대돼. 우리가 100일이라니 믿겨지지 않아.

남자 친구: 나도 그래. 참! 너한테 할 말 있는데 … 들어줄 수 있어?

나: 응? 뭐야? 말해 줘.

남자 친구: 응. 우리 이제 일주일 뒤면 100일인데 일요일날 만나서 둘이서 기차여행 가지 않을래?

나: 응? 기차여행?

남자 친구: 응. 나 여자 친구 생기면 둘이서 기차여행 가고 싶었거든 … 같이 가자!

나: 잠시만. 일요일은 나 교회 가는 날이야. 토요일에 가자!

남자 친구: 나 토요일날 가족들 모임이 있어서 뺄 수가 없어. 일요일에 가면 안돼? 교회는 매주 가지만 우리 100일은 평생에 딱 한번이잖아. 같이 가자~ 응?

나: 하 … (어떻게 하지?)

당신은 이 상황에서 매몰차게 거절할 수 있겠는가?

크리스천이 넌크리스천이랑 연애하면 부딪치는 게 한두 가지가 아니다. 그러면 선택을 해야 한다. 상대방이 나에게 맞추든지 내가 맞추든지… 결국, 상대방에게 끌려다니다가 신앙생활을 등한시하게 되거나 타협하게 되는 나 자신을 보게 될 것이다.

2) 넌크리스천의 사랑에는 육체적 성관계까지 포함되어 있다!

크리스천이 반드시 명심해야 할 것이 한 가지 있다. 그것은 바로 '성관계는 하나님께서 부부에게 주신 선물'이라는 것이다.

> 이러므로 남자가 부모를 떠나 그의 아내와 합하여 둘이 한 몸을 이룰지로다
> (창 2:24).

하나님께서는 세상을 창조하시면서 인간을 만드신 후 한 가지 법을 세우셨다. 그것은 남자가 부모를 떠나 결혼하고 한 여자와 가정을 이뤘을 때 둘이 한 몸을 이루게 하셨던 것이다.

하지만 세상의 문화는 성경과 정반대로 가고 있다. 사랑이라는 이름 앞에 모든 것을 할 수 있다고 말한다. 거기에는 하나님께서 부부에게만 허락하신 성관계까지 포함하고 있다.

청소년들의 성에 대한 인식은 어른들이 생각하는 것 이상으로 상당히 심각하다. 제자 훈련을 하고 있는데 한 여학생이 학교에서 있었던 일을 말해 주었다.

학생: 목사님! 학교에서 공부하고 있는데 친구들끼리 서로 이야기를 하고 있었어요.

나: 그래? 무슨 이야기를 했어?

학생: 목사님. 놀라지 마세요. 애들끼리 대학 가서 남자 친구랑 성관계를 했는데 만약 애를 가지게 되면 어떻게 할 건지 대화하고 있었어요.

나: 아 그래?(당황)

학생: 네. 친구들이 임신하면 낙태할 거라고 너무 자연스럽게 이야기했어요. 너무 놀라서 공부하는 걸 멈추고 친구들한테 가서 그렇게 하면 안 된다고 말해 줬어요.

나: 네가 많이 놀랐겠네...

학생: 아니에요. 목사님, 그 친구들 말고도 제 친구들 중에 남자 친구랑 사귀어 같이 잠자고 하는 애들이 많아요. 너무 안타까워요.

나: 그렇구나. 우리는 그래도 믿음을 잃지 말고 세상이 원하는 사랑이 아닌 하나님께서 원하시는 사랑을 하자. 힘내자!

학생들: 넵!

그 여학생의 친구들은 대학에 가서 남자 친구를 사귀게 되었을 때 성관계를 맺어서 임신을 하게 되면 낙태를 하겠다고 자연스럽게 이야기했다. 다른 학생이 나에게 학교에서 있었던 일을 말해 주었다.

학생: 목사님! 학교에서 애들이랑 이야기를 했었는데요…
나: 그래? 무슨 이야기를 했어?
학생: 네. 목사님! 혼전 순결을 지켜야 한다 vs 지키지 않아도 된다고 서로 논쟁이 붙었어요.
나: 아 그랬구나.
학생: 네. 애들이 혼전 순결을 지금도 지켜야 한다고 주장하는 건 고리타분한 것이라고 말했어요. 기독교는 너무 이기적이라고 말했어요.
나: 그랬구나.

그 학생이 반에서 친구들이랑 이야기하다가 혼전 순결에 대해 이야기를 하게 되었고 혼전 순결을 지켜야 하는지 지키지 않아도 되는지 서로 논쟁이 붙은 것이었다. 결국 서로를 설득하지 못한 채 이야기는 끝이 났다. 하지만 이것이 대한민국 청소년의 성에 대한 인식이다.

모든 넌크리스천이 그런 건 아니지만 많은 넌크리스천은 사랑하면 성관계를 가지는 것이 당연하다고 생각하는 게 지금 현실이다. 아마 넌크리스천과 연애를 하면 열에 아홉은 다 성관계를 요구할 것이다. 오히려 혼전 순결을 지키겠다고 말하는 사람들이 고리타분한 사람, 꽉 막힌 사람이라고 생각하고 있는 것이 지금의 현실이다.

난 두렵다. 이대로 가다 대한민국이 소돔과 고모라처럼 될까 봐 두렵다. 아니, 어쩌면 우리는 지금 소돔과 고모라보다 더 음란한 시대에 살고 있는지 모른다. 우리는 반드시 기억해야 한다. 하나님께서는 크리스천이 이 땅에서 하나님의 순결한 거룩한 백성으로 살아가기를 원하신다.

> 너희 몸은 너희가 하나님께로부터 받은 바 너희 가운데 계신 성령의 전인 줄을 알지 못하느냐 너희는 너희 자신의 것이 아니라 값으로 산 것이 되었으니 그런즉 너희 몸으로 하나님께 영광을 돌리라(고전6:19-20).

성경을 보면 우리가 하나님의 성전이라고 말한다. 이제 우리는 우리 자신의 것이 아니라 값으로 산 것이 되었으니 하나님께 영광을 돌리라고 말하고 있다. 예전에 예수님을 믿기 전에는 내가 나의 주인이었다. 당연히 나를 위해 살았고 내 행복과 내 기쁨과 내 쾌락을 위해 살았다.

그러나 이제는 아니다. 이제 우리가 사는 이유는 예수님이 우리의 주인이시기에 하나님의 영광을 위해 사는 것이다. 그렇기 때문에 결혼 전 성관계는 하나님의 영광을 위해 살아가는 크리스천의 모습이 아님을 기억하자.

3) 하나님께서 원하시는 사랑은 무엇인가?

고린도전서 13장을 보면 하나님의 사랑을 알 수 있다.

> 사랑은 오래 참고 사랑은 온유하며 시기하지 아니하며 사랑은 자랑하지 아니하며 교만하지 아니하며 무례히 행하지 아니하며 자기의 유익을 구하지 아니하며 성내지 아니하며 악한 것을 생각하지 아니하며 불의를 기뻐하지 아니하며 진리와 함께 기뻐하고 모든 것을 참으며 모든 것을 믿으며 모든 것을 바라며 모든 것을 견디느니라(고전 13:4-7).

이것이 바로 하나님께서 우리에게 원하시는 사랑이다. 사랑하는 연인과 성관계를 가지면서 쾌락을 즐기는 것이 아니라 연인의 부족한 모습을 보면서 오래 참는 것이며 연인을 향해 부드러운 마음을 가져야 하며 연인을 시기하지 않으며 자신을 자랑하지 않으며 교만하지 않으며 무례하게 행동하지 않는 것이다. 연인을 보면서 악한 것을 생각하지 아니하며 성내지 않으며 불의한 모습을 기뻐하지 아니하며 진리와 함께 기뻐하는 것이다.

이것이 하나님의 사랑이다. 우리는 이런 사랑을 해야 한다. 사랑하기 때문에 섬길 수 있어야 하고 사랑하기 때문에 헌신할 수 있어야 하며 사랑하기 때문에 기다릴 줄 알아야 하는 것이다.

사랑한다고 하면서 이기적이며 함부로 대하며 정욕만을 추구한다면 그것은 하나님의 사랑이 아니라는 것을 명심해야 한다. 내 말을 듣고 이런 질문을 할지도 모르겠다.

"목사님, 도대체 이런 사랑을 하는 사람이 세상 어디에 있습니까? 만나게 해 주십시오."

그런 사람을 만날 수 있는 방법을 말해 주겠다. 당신이 그런 사람이 돼라. 당신이 먼저 하나님의 사랑을 하는 사람이 돼라. 그러면 상대방도 변할 것이다.

우리는 성관계를 하지 않고서도 멋진 사랑을 할 수 있다. 야곱은 외삼촌 라반에게 가서 라헬과 사랑에 빠졌을 때 라헬을 위해 7년을 섬기겠다고 말했다. 7년은 짧은 시간이 아니다. 그런데 성경에서 야곱이 라헬을 사랑해서 7년을 며칠같이 여겼다고 말한다.

우리도 육체적인 관계를 가지지 않고도 예수님 안에서 아름다운 사랑을 할 수 있다. 그것은 예수님을 연애의 주인공으로 모시고 연애할 때 가능하다. 상대방을 지켜 주겠다는 책임감과 존중이 우리에게 있어야 한다.

4) 세상이 즐기는 사랑을 따라가지 말고 하나님의 사랑을 닮아가자

내가 성관계는 부부에게만 주신 하나님의 선물이라고 가르쳤을 때 그 말을 듣고 남학생 한 명이 따로 나에게 찾아와서 이렇게 말했다.

> 학생: 목사님. 저 그러면 부부가 되면 서로 성관계를 맺을 때 아이를 가지기 위해서만 해야 합니까?
>
> 나: 응? (얘가 뭔 소리를 하는 거지?) 음 … 목사님이 말한 건 그런 말이 아니야.
>
> 학생: 네?

나: 부부가 되면 주님 안에서 자유롭게 사랑하며 서로의 동의 하에 마음껏 성관계를 가져도 괜찮단다. 다만 결혼 전에 성관계를 가짐으로써 하나님께 범죄하지 말자!
학생: 아! 네. 목사님 이해했습니다. 감사합니다.

이성을 보고 사랑하는 감정을 가지는 것은 잘못된 것이 전혀 아니다. 하나님께서 사랑하게 하셨기에 우리는 이성을 보면 호감을 가지기도 하고 사랑하는 감정을 느끼는 것이다. 하지만 사랑하는 감정이 잘못 사용될 때 그래서 무분별한 무절제한 성의 타락으로 이어질 때 그것은 하나님 앞에 큰 죄악이라는 것을 명심해야 한다.

크리스천 청소년들에게 간곡히 호소한다. 세상이 즐기는 사랑을 따라가지 마라. 내 마음을 그곳에 내어주지 마라. 만약 당신이 미디어를 통해 그런 음란한 것들을 접하고 있다면 당장 끊어 버리기를 권면한다. 그것이 웹툰이든, 페이스북, 인스타그램이든 간에 당신을 하나님의 사랑에서 벗어나게 만드는 것들로부터 멀어져라.

그리고 날마다 성경을 묵상하며 하나님의 말씀을 가까이 하라. 하나님께 기도로 부르짖어라. 하나님의 은혜를 구하라. 그래서 하나님의 마음을 품고 서로 헌신하며 사랑하라.

5) 나를 통해 상대방이 구원받을 수 있지 않을까요?

학생들과 제자 훈련을 하는데 학생 한 명이 나에게 질문을 했다.

학생: 목사님, 만약에 이미 믿지 않는 사람과 사귀고 있으면 헤어져야 하나요?
나: 아니! 그렇게 하는 건 사귀는 사람한테 옳지 못한 행동인 것 같아. 제일 좋은 방법은 그 사람에게 교회 나올 것을 권면해야 해. 그런데 교회에 나오지 않는다면 나중을 위해서라도 관계를 정리하는 게 좋다.
학생: 네! 알겠습니다.

만약 넌크리스천과 사귀어서 그 친구가 나로 인해 교회를 다니고 예수님을 믿게 된다면 얼마나 좋을까?
하지만 한 가지 기억하자!
우리는 언제나 전도해야 하지만 전도의 목적이 연애가 될 수는 없다. 다만 현재 내가 넌크리스천과 사귀고 있다면 상대방이 예수님을 믿을 수 있도록 최선을 다해야 한다.
혹시 아는가 나를 통해 상대방이 구원받을 수 있을지 ….
그러나 그것이 안 된다면 관계를 정리하라고 권면한다. 마지막으로 연애는 하나님의 영광을 위해서 해야 한다. 그 시작점은 믿음의 사람과 함께 만나는 것에서부터 시작하는 것이다.

4. 크리스천은 어떻게 연애해야 하나요?

만약 누군가 "목사님, 지금까지 만났던 만남 중 가장 기억에 남는 만남은 무엇입니까?"라고 물어본다면 나는 이렇게 답할 것이다.

"저는 평생 잊지 못하는 만남이 있습니다. 바로 제 아내와의 만남입니다."

우리 부부가 결혼한 지 벌써 14년째다. 아내와 나는 대학교 신입생 OT(Orientation, 새내기 배움터)에서 처음 만났다. 아직도 아내와의 첫 만남을 잊을 수 없다. 신입생 OT 첫날, 두근거리는 마음을 안고 OT 장소로 향했다.

'누구를 만나게 될까?'

긴장되고 기대되는 마음과 함께 OT 장소에 도착했다. 그리고 나는 남자들 사이에서 혼자 청아하게 서 있는 아내의 모습을 보았다. 아내와 나는 OT 때 같은 조에 속하게 되었고 자연스럽게 친해질 수 있었다. 당시 나는 여자한테 말을 잘 못 걸던 부끄러움이 많은 남자였는데 그 당시 너무나 활발했던 아내의 모습에 반해 버리고 말았다. 하지만 아내를 좋아한다는 게 마냥 쉽지만은 않았다.

66:4. 이 숫자가 의미하는 것이 무엇인지 아는가?

이 숫자는 당시 내가 다니던 신학과에 입학한 사람이 약 70명이었는데 남자가 66명 여자가 4명이었다는 것을 뜻한다. 그 당시 여자 4

명 중에 1명은 60살이 넘으신 권사님이었고 그 외에 23살 여자 1명, 20살 여자 2명이 있었다. 20살 여자 2명 중에 1명이 지금 내 아내였다. 그리고 66명 남자 중의 1명이 나였다.

66:4!

아내는 이뻤고 남자들은 많았다. 남자들이 득실대는 곳에서 아내를 꼬신다는 게 만만치 않았다. 경쟁률이 권사님 빼면 약 20:1이나 되었다. 하지만 난 20:1의 경쟁률을 뚫어 냈다. 나는 매일 아내에게 연락했고 아내도 내 정성에 감동받았는지 내 마음을 받아 주었다. 우리는 대학교를 다닌 지 1개월 만에 연애를 시작했다. 그때 연애를 시작하면서 나는 진지한 얼굴로 아내에게 말했다.

나: 미란아(아내 이름), 나 … 이제까지 한 번도 연애를 한 적이 없었어.

아내: 아? … 네, 그렇군요(난 아닌데 …).

나: 나는 연애하는 건 결혼을 전제로 해야 한다고 생각하고 진지하게 할 거야.

아내: 아 … 네, 알겠어요(부담 …).

지금 와서 생각해 보면 무식해서 용감하다고 한 번도 연애를 해본 적이 없는 나는 결혼을 전제로 연애를 하기 시작했고 그렇게 아내와 나의 좌충우돌 연애생활이 시작되었다. 그리고 3년의 연애 끝에 지금의 아내와 결혼하게 되었다.

아내와 결혼할 때 당시 내 나이는 24살이었고 아내는 23살이었다. 3년 동안 첫 연애이자 마지막 연애하면서 즐거운 추억들도 많지만 힘든 순간들도 많았다. 연애를 좀 잘해 보고 싶어서 연애에 관련된 책을 사서 읽어 봤지만 현실적으로 와닿는 부분이 없었다.

그래서 펜을 들었다. 나처럼 힘들게 연애하지 말고 하나님 안에서 기쁨과 감사함으로 연애하라고 꼭 말해 주고 싶다. 난 당신이 꼭 연애에 성공하기를 바란다. 그래서 나처럼 일찍 결혼해서 아들, 딸 낳고 잘 살았으면 좋겠다.

지금 이 사회를 보면 갈수록 결혼 연령이 늦어지고 있다. 만약 지금 내가 24살에 결혼한다고 했으면 사람들이 다시 한번더 생각해 보라고 뜯어말렸을지도 모른다.

하지만 기억해라!

지금 이 사회가 결혼 연령이 늦어지는 것은 절대 정상이 아니다. 말 그대로 비정상이다. 우리는 비정상으로 흘러가는 시대에 하나님께서 기뻐하시는 연애를 해야 하며 결혼에 골인해야 한다.

그렇다면 크리스천으로 연애할 때 우리가 꼭 기억해야 하는 것이 무엇인가?

함께 알아보자.

1) 연애의 중심은 하나님이시다

연애의 중심은 하나님이시다. 크리스천은 연애하는 것도 하나님의 영광을 위해서 해야 한다. 연인 사이에 하나님이 계시지 않으시면 결국, 그 연애는 실패할 가능성이 높다. 나는 첫 연애를 시작하면서 아내에게 강조 또 강조했던 말이 있다.

"하나님이 우리 연애의 주인공이시다."

그렇다. 연애의 첫 시작은 하나님과 함께 해야 한다. 항상 하나님이 우리 연애의 주인공이심을 가슴속에 새겨 넣어야 한다. 즉 이 말은 연애하면서도 하나님을 항상 의식하라는 말이다.

　제자 훈련을 하면서 항상 아이들에게 숙제를 내주는 것이 있다. 한 주 동안 '하나님 의식하기'이다. 나는 아이들에게 항상 강조하는 말이 있다. 교회에서만 하나님을 의식하지 말고 너희가 있는 모든 곳에서 하나님을 의식하자고 말한다.

　당신은 하나님을 의식하고 있는가?

　많은 크리스천이 하나님을 의식하지 않는다. 하나님 없이 행동하며 살아간다. 학교에서도 집에서도 하나님 없이 생활한다. 그래서 내가 이 숙제를 내주면 아이들이 이 숙제를 하면서 놀라는 것이 한 가지 있다.

　나: 다들 제자 훈련 숙제 해 왔니?

　학생들: 네!

　나: 그래. 한 명씩 말해 볼까? 먼저 하나님 의식하기 숙제하면서 느낀 거부터 말해 보자.

　학생1: 목사님! 저는 숙제를 하면서 놀라운 사실을 알게 됐어요.

　나: 오, 뭔야?

　학생1: 네. 목사님. 저는 지금까지 집이나 학교에서 단 한 번도 하나님을 의식한 적이 없었어요.

　그렇다. 학생들이 이 숙제를 하면서 제일 많이 놀라는 사실은 자신이 어릴 때부터 교회를 다니고 신앙생활을 했음에도 전혀 하나님을 의식하지 않고 있었다는 사실이다. 우리는 하나님을 의식해야 한다. 하나님이 우리를 지켜보고 계신다. 하나님은 온 우주 만물을 주관하시며 우리의 외모를 보지 않으시며 우리의 중심(마음)을 보시는 분이다.

이 얼마나 놀랍고도 감사한 사실인가?

연애할 때 하나님을 의식해야 한다. 하나님을 연애의 주인공으로 모시자. 그러면 애인한테 함부로 할 수 없다.

하나님이 나를 보고 계시는데 어떻게 그렇게 할 수 있겠는가?

하나님을 의식하지 않으면 결국, 넘어지게 되어 있다.

연애의 시작은 하나님을 의식하는 것에서부터 시작된다!

2) 연애는 결혼을 전제로 하는 것이다

학생들과 제자 훈련을 하면 나는 꼭 연애에 대해 이야기한다.

> 나: 여기서 연애하는 사람 손들어 봐?
> 학생들: … (눈치 보며 아무도 손을 안 든다).
> 나: 너네 연애할 때 어떻게 해야 하는지 알아?
> 학생들: 어떻게 해야 합니까?
> 나: 연애는 결혼을 전제로 하는 거야!
> 학생들: 오!

학생들에게 연애는 결혼을 전제로 해야 한다고 말하면 하나같이 보이는 반응이 처음 듣는 말처럼 깜짝 놀란다. 지금까지 연애에 대해 그렇게 생각해 본 적이 없었기 때문이다. 연애는 결혼을 전제로 하는 것이다. 즉 만남을 진지하게 생각하라는 것이다. 나는 모든 만남에는 우연이 없다고 생각한다.

하나님께서 태초 전부터 계획하시고 주선하신 만남을 가볍게 여기지 마라. 단지 육체의 정욕을 해결하기 위해 연애를 시작했다면, 그 연애는 나를 파멸로 이끌 것이다. 연애의 목적이 무엇인지를 절대 잊지 마라. 내가 연애하는 목적은 하나님의 영광을 위해서이다. 연애할 때는 진지하게 만나야 함을 기억하자.

나는 지금 대한민국을 보면 두렵다. 성적으로 타락했고 모든 연애에는 성관계를 기본으로 깔고 들어간다. 내가 군대에 갔을 때 사람들이 나를 신기하게 쳐다봤다. 그들이 나를 신기하게 쳐다본 이유는 '여자 친구가 있는데 왜 관계를 가지지 않았느냐?'하는 것이었다.

그들은 사귀면 무조건 성관계를 하는 것이 당연하다고 생각하고 있었다. 이것이 지금 대한민국의 현실이다. 우리는 성적으로 타락한 세상 속에서 연애의 목적을 하나님께 두지 않으면 함께 휩쓸려 가게 된다. 그래서 연애는 결혼을 목적으로 해야 하는 것이다. 이 사람과 진지하게 사귀어야겠다는 마음가짐이 있어야 한다. 하나님께서 이 사람을 만나게 하셨다는 확신이 있어야 한다. 만약 그런 확신과 목적이 없다면 세상 사람들이 하는 연애를 하게 될 것이다

하나님께서 보고 계신다. 다시 한번 더 말한다. 연애는 결혼을 진지로 하는 것이다.

나라고 아내와 갈등이 없었겠나?

갈등이 있었고 헤어짐의 위기가 있었다. 그럴 때마다 갈등을 풀어가고 위기를 헤쳐나갈 수 있었던 이유는 서로가 만남을 진지하게 생각했기 때문이다. 그래서 힘이 들고 어려워도 쉽게 헤어질 수 없었다. 하나님께서 주신 만남이라 생각했기에 가능했던 것이다.

3) 미디어가 보여 주는 사랑에서 벗어나라

지금은 SNS 시대이다. 우리는 하루에 많은 시간을 각종 SNS에 투자한다. 그런데 각종 SNS에는 신기하고 재미있는 영상, 유익한 영상도 많지만 우리의 영혼에 해가 되는 영상이 훨씬 더 많다는 것을 명심해야 한다. 사람들을 웃기기 위한 자극적인 영상들이 가득하며 성경과 반대되는 영상들을 흔치 않게 볼 수 있다. 만약 우리가 아무런 필터링 없이 모든 영상을 받아들이게 된다면 교회는 다니지만 넌크리스천과 똑같은 생각과 가치관을 가지고 살아가게 된다.

한 예를 들어보면 요즘 몰래카메라 영상들이 많다. 그런데 몰래카메라 영상이 상당히 자극적이다. 제목부터가 심상치 않다.

> 깨어났을 때 옆에 모르는 여자가 있을 때.
> 남자 친구 몰래 원나잇 한 거 들켰을 때.

이런 자극적인 제목과 함께 영상들이 올라온다. 제목부터 상당히 자극적인 영상들이다. 이런 영상들을 보면 자연스럽게 그 안에 담긴 것들을 흡수해 버린다. 이렇게 미디어들로부터 자연스럽게 흡수한 것들이 내 가치관으로 스며드는 것이다. 그리고 무의식적으로 스며든 영상의 잔재들이 내 머리를 지배한다. 그래서 평소에는 괜찮다가 여자 친구를 사귀면 모텔을 가고 싶은 음란한 마음들이 지배하게 되는 것이다. 종종 친구들이 나에게 와서 묻는다. 어떻게 하면 음란한 생각에서 자유로울 수 있는지.

학생: 목사님! 드릴 말씀이 있습니다.

나: 그래. ○○아! 말해 보렴.

학생: 목사님, 음란한 생각에서 벗어나고 싶습니다. 어떻게 해야 하나요?

나: (순간 당황) 아~ 그래. 목사님도 남자라서 이해한다.

　　그럴 땐 한 가지 방법이 있단다.

학생: 네? 목사님 가르쳐 주세요!

나: 지금 너를 음란하게 만들고 있는 모든 미디어를 끊어 버려야 해. 네가 평소에 보는 유튜브와 인스타그램에 그런 영상과 글이 없었는지 보고 회개하고 다시는 그런 영상들을 보지 마라.

그렇다. 음란(자위행위 포함)에서 자유 할 수 있는 것은 두 가지 방법이 있다.

첫째, 말씀과 기도를 가까이하며 하나님의 은혜를 구하는 것이다.

하나님은 거룩하신 분이시기 때문에 우리가 하나님과 가까이할수록 음란함을 자연적으로 이겨낼 수 있는 힘이 생긴다. 예배에 목숨 걸고 교회에서 하는 양육을 받아라. 하나님과 멀어질수록 우리는 음란을 이겨 내려고 해도 이길 수 없다는 것을 명심해야 한다.

둘째, 음란한 생각이 오는 곳을 차단해 버려야 한다.

대부분 학생들이 음란에 빠지고 자위행위를 하는 것은 음란이 있는 곳을 가까이 하기 때문이다. 미디어를 보면 유튜브, 웹툰, 페이스북, 인스타그램 등 우리가 제일 많이 하고, 많이 보는 곳에 음란한 것들이 널려 있다.

만약 내가 미디어를 할 때 음란한 것들을 접하고 있다면 삭제해라. 당신이 미디어를 통해 음란을 받아들이는 이상 절대로 자유함을 얻지 못할 것이다. 음란한 생각들은 하나님께서 주시는 것이 아니다. 마귀가 주는 것이다. 마귀는 미디어를 자신의 도구로 너무나 잘 사용한다. 음란한 생각 때문에 힘들 때 각종 SNS에서 웃으며 봤던 영상들로부터 멀어져라. 그리고 말씀과 기도를 가까이 하라. 그러면 이겨낼 수 있다.

그렇다고 모든 미디어가 죄는 아니다. 유튜브, 웹툰, 인스타그램 등 그 자체로는 잘못된 것이 아니다. 오히려 우리의 영혼을 유익하게 하는 영상들이 많이 있다. 하지만 내가 거기서 무엇을 보고 있고 무엇을 즐기고 있는가를 생각해 보고 잘 판단해라. 대부분의 학생들은 미디어를 통해 음란을 접하게 된다.

4) 연애는 짧게 결혼은 일찍

난 청소년들을 향해 가급적 연애하지 말라고 권면한다. 청소년 시절 연애하면 좋은 점보다 안 좋은 점이 많다. 왜냐하면, 연애하면 시간을 상당히 많이 뺏기게 된다. 지금 우리는 열심히 공부해야 할 시기이다. 어떤 공부를 하든지 하나님께서 나를 쓰실 수 있도록 최선을 다해 공부해야 한다. 전문성을 갖춰야 한다.

"하나님, 저를 사용해 주세요!"

"쓰임 받는 인생이 되게 해 주세요."

이렇게 기도하면서 아무 노력도 하고 있지 않다면 그것은 하나님을 기만하는 행동이 아닐까?

그런데 연애하면서 공부 시간, 말씀 시간, 기도 시간을 빼앗긴다면 하나님께 뭐라고 말씀드릴 수 있을까?

현재 당신은 연애하고 있는가?

만약 연애 때문에 예배, 공부, 말씀, 기도 시간이 방해받고 있다면 다시 한번 더 생각해 보라. 어쩌면 하루 빨리 헤어지는 것이 하나님의 은혜일 수도 있다.

고등부 예배에 열심히 참석하는 여학생이 한 명 있었다. 고 3임에도 열심히 예배에 참석했으며 찬양팀도 열심히 했다. 그런데 어느 순간부터 찬양팀도 그만두고 예배도 빠지고 어른 예배에 참석했다.

연락을 해도 연락을 받지 않았다. 답답한 마음에 부모님께 연락을 드려서 여학생이 고등부 예배에 참석하지 않는 이유를 물어봤더니 고등부 예배가 재미없어서 안 간다고 말했다고 한다.

나는 그 말을 듣고 '내가 그 애한테 실수한 게 있었나?' 생각할 정도였다. 그래도 가만히 앉아 있을 수 없어서 그 여학생과 학교를 같이 다니는 친구들에게 그 여학생을 잘 챙겨 달라고 부탁했다. 며칠 후 내가 부탁했던 친구 한 명이 나에게 와서 이렇게 말했다.

학생: 목사님. OO가 왜 고등부 안 오는지 알았어요.

나: 그래? 왜 안 오는 거야?

학생: 고등부 예배 가면 남자 친구가 엄청 화내고 짜증 낸데요. 교회 가서 남자애들하고 같이 있는 게 싫다고 이야기 하나 봐요.

나: 그래? 목사님이 학교 앞에 가서 남자애 만나 볼까?

학생: 안돼요. 비밀로 해 주세요.

나: 그래. 네가 옆에서 그 친구 많이 챙겨다오.

학생: 넵!

그 여학생이 고등부 예배에 안 나왔던 이유는 남자 친구가 고등부 예배에 가지 말라고 화를 냈기 때문이다. 그래서 부모님께는 고등부가 재미없다고 말했지만 정작 남자 친구 눈치 보느라 부모님과 함께 예배를 드렸던 것이다.

나는 묻고 싶다.

현재 당신의 연애는 하나님께서 기뻐하시는 연애인가?

머릿속에 NO라는 경종이 울리면 심각하게 고민하고 결정을 내리길 바란다.

5) 스킨십 어디까지 해야 하나요?

연애하면서 크리스천에게 가장 예민하면서도 어려운 문제가 스킨십이다.

과연 사랑하는 사람과 어디까지 스킨십을 해야 하나?

나도 이 부분을 가르치는 것이 참 어렵다. 그런데 스킨십을 가르칠 때 아이들의 눈빛이 제일 초롱초롱하다.

나: 만약에 연애를 하면 스킨십을 어디까지 하는 것이 하나님께서 기뻐하시는 것일까?

학생1: 목사님, 키스까지 허용됩니다.

나: 어?(당황) 흠 … 그래. 다른 친구도 말해 봐.

학생2: 목사님! 부모님이 허락하는 데까지 가능합니다.

나: 어?(더 당황) … 흠 … 그래. 다른 친구는 더 없고?

학생3: 목사님! 모텔만 안 가면 됩니다.

나: 너 잠깐 따라 나와라.

나는 아이들을 가르칠 때 연애를 시작할 때 스킨십을 어디 선까지 할지 정하라고 말한다. 크리스천은 어디까지 스킨십을 할 것인지 선을 정해 놓는 것이 바람직하다. 특히 여학생들에게 당부를 많이 한다.

나: 남자들은 절제가 약해. 내가 너무 잘 알아.

학생들: 어떻게 그렇게 잘 아세요?

나: 하 … 목사님도 남자잖니 ….

학생들: 아, 맞다.

나: 목사님은 스킨십은 딱 손까지가 제일 적당한 것 같아.

학생들: 손으로 어디까지 가능하다는 말씀이세요?

나: 아니! 손까지만 잡자.

학생들: ….

그래서 나는 되도록 연애는 짧게, 결혼은 일찍 하는 것을 추천한다. 스킨십을 하면 손까지 잡자고 가볍게 이야기했지만 사랑하는 사람과 뽀뽀도, 키스도 하고 싶고 그 이상 더 나가고 싶은 것이 사람의 본능이다. 그래서 나는 연애는 짧게 결혼은 빨리 하라고 말한다.

요즘 우리나라 결혼 평균 연령이 어느 정도인가?

남자는 30대 중 후반 여자는 30대 초 중반이 아니던가?

왜 이렇게 늦게 결혼하는가?

지금 대한민국 사회에서 결혼은 하나의 선택이 되어 버렸다.

왜 그런 것인가?

더 이상 결혼하지 않아도 결혼해서 누릴 수 있는 성의 자유가 보편화되었기 때문이다. 결혼하지 않아도 여자 친구랑 모텔 갈 수 있다. 결혼하지 않아도 동거할 수 있다. 결국, 성의 타락으로 결혼을 미루는 사회적 분위기가 형성된 것이다. 다른 이유도 많이 있겠지만 나는 이것이 제일 크다고 생각한다. 그런데 문제는 크리스천들조차도 세상 사람들과 똑같이 살아가는 것이 문제다. 심각하다. 회개하고 돌아와야 한다. 성은 하나님께서 주신 것이다.

하나님의 뜻과 반대로 사용하면 그것은 큰 죄악이라는 것을 명심하라!

성적으로 타락한 시대 속에 유일한 희망은 크리스천이다. 크리스천들이 사회 곳곳에서 바른 신앙관을 가지고 살아갈 때 하나님의 말씀으로 그곳이 변화되고 나라가 변화된다. 연애 또한 우리의 신앙생활의 연장선이다. 신앙과 연애는 따로 구별하는 것이 아니다. 함께 가는 것이다. 연애 또한 하나님께 영광 올려 드려야 하는 것임을 꼭 기억하기 바란다. 당신의 연애를 통해 하나님께서 영광받으시며 사람들에게는 도전이 되며 기쁨이 되기 바란다.

5. 크리스천은 게임해도 되나요?

중학교 2학년 때 나는 처음으로 PC방을 갔다. 학교를 마치고 집으로 가고 있을 때였다. 학교 아래 새로 생긴 중고 컴퓨터 가게에 아이들이 모여 있었다.

'도대체 뭐가 있길래 아이들이 많이 모여 있지?'

궁금한 마음에 컴퓨터 가게 앞을 기웃거렸다. 그런데 아이들이 그곳에 모여 있던 이유는 컴퓨터를 사기 위해서가 아니었다. 바로 게임을 하기 위해서였다. 가게 안을 들여다보니 컴퓨터 앞에 아이들이 한 명씩 앉아서 게임을 하고 있었다. 그 뒤에는 많은 아이가 옹기종기 모여 게임을 관전하고 있었다.

태어나서 처음으로 보는 광경이었다. 나는 궁금해서 컴퓨터 가게 안으로 들어갔다. 그렇게 다른 아이들과 섞여서 컴퓨터 화면을 바라봤다. 그곳에서 아이들이 하고 있는 게임은 바로 스타크래프트였다.

스타크래프트 게임은 대한민국 PC방 역사에서 빼놓을 수 없는 게임이다. 이 게임 덕분에 전국에 우후죽순 PC방들이 생겨났다.

한 번씩 고등학생들을 만나러 PC방에 가면 중학교 때와는 큰 차이가 났다. 너무나 럭셔리했고 주문만 하면 라면부터 시작해서 각종 음식이 나왔다. 컴퓨터 그래픽과 모니터 크기를 보면서 '하루 종일 여기 있어도 시간 가는 줄 모르겠구나' 하는 생각이 들었다.

다시 돌아 가서 나는 중고 컴퓨터 가게가 PC방이라는 것을 확인한 후 집으로 돌아갔다. 나중에 친구와 함께 PC방에 가서 처음으로 스타크래프트를 했을 때 그때의 첫 느낌을 잊을 수가 없다.

나는 친구와 1:1로 스타크래프트를 했는데 완전 초보라 어떻게 해야 하는지 몰랐다. 저그로 했는데 어떤 유닛을 뽑아야 하는지 몰라서 오버로드만 엄청나게 뽑았다. 오버로드는 정찰용 저그 유닛으로 공격이 불가능하다. 당연히 친구에게 처참하게 패배했고 나에게는 '오버로드맨'이라는 새로운 별명이 생겼다. 예전에는 PC방이 많이 없었기 때문에 학교를 마치기 전 PC방에 전화를 해서 예약을 했다.

나: 아저씨! 오늘 오후 5시에 여덟 자리 예약할게요!(스타크래프트는 팀플 4:4까지 가능하다).

아저씨: 어! 그래. 다른 아이들도 오니까 늦으면 안 된다!

나: 네, 알겠습니다.

그렇게 매일 친구들과 스타크래프트를 즐겼다. 그리고 어느 순간 난 반에서 랭킹 1, 2위를 다투는 스타크래프트 고수가 되어 있었다. 남학교에서 친구들에게 인정받을 수 있는 것이 세 가지가 있다. 게임을 엄청 잘하거나, 운동을 엄청 잘하거나, 공부를 엄청 잘하면 된다. 그런데 난 공부 말고는 두 가지 다 상위권에 속했기 때문에 학창 시절이 참 재미있었다.

내가 스타크래프트를 잘 할 수밖에 없었던 이유가 한 가지 있었다. 그 당시 교회 선생님이 내가 다니는 학교 옆에 PC방을 차리셨던 것이다. 말 그대로 대박이었다.

교회 선생님은 PC방을 오픈하기 전 나에게 PC방 테스트를 해 보자고 오라고 하셨고 나는 다음 주가 시험임에도 친구 한 명을 데리고 저녁 늦게까지 스타크래프트를 했다. 그 당시 내 실력이 뛰어났기 때문에 하는 족족 다 이겨서 너무 재미있었던 기억이 있다.

매일 교회 선생님 PC방에 가서 스타크래프트를 했다. 그러니 실력이 늘 수밖에 없었다. 친구들에게도 인정을 받을 수밖에 없었다.

요즘에도 많은 학생이 게임을 한다. 스타크래프트는 이제 아저씨들이 하는 게임이 됐다. 요즘 많이 하는 게임은 롤, 피파, 서든 어택, 배틀 그라운드, 오버워치 등이다. 다양한 게임을 내가 원하는 시간 동안 재미있게 할 수 있다.

이제 PC방은 대한민국 청소년의 문화가 되었다. PC방뿐만 아니라 핸드폰으로도 엄청나게 재미있는 게임들을 마음껏 할 수 있다. 나는 고2 때 처음으로 핸드폰을 샀는데 그 당시 핸드폰으로는 게임을 전혀 할 수 없었다.

하지만 지금은 핸드폰으로 너무나 퀄리티 있고 재미있는 게임들을 할 수 있다. 와이파이가 터지는 곳이면 시간 가는 줄 모르고 친구들과 함께 게임을 할 수 있는 것이다. 수일날 예배 전 일찍 온 친구들이 하나같이 하는 게 핸드폰 게임이다. 어찌나 열심히 하는지 인사하러 앞에 가도 나를 알아보지 못할 때가 많다.

자, 그렇다면 여기서 한 가지 질문을 해 보자!
우리 크리스천은 PC방 문화를 어떻게 생각해야 할까?
즉 크리스천은 게임을 해도 되는 것일까?
당신은 어떻게 생각하는가?

내가 오늘 이 질문을 당신에게 하는 이유는 우리는 이 물음에 하나님의 확실한 답을 찾아야 하기 때문이다.

그렇다면 크리스천은 게임을 해도 되는 것일까?

먼저 이 질문에 대한 나의 답은 'YES'이다. 게임을 하는 것 자체가 나쁜 것은 아니다. 왜냐하면, 건전하고 좋은 게임도 많기 때문이다. 건전하고 좋은 게임을 통해 스트레스도 풀고 친목도 다질 수 있다.

하지만 크리스천으로 모든 게임을 다 해도 되는 것일까에 대한 나의 답은 'NO'이다. 그렇다면 나는 왜 크리스천이 모든 게임을 다 해선 안 된다는 주장을 펼치고 있는지 말해 보겠다.

1) 모든 게임이 하나님의 영광을 위한 것은 아니다

게임에는 많은 종류의 게임이 있다. 그런데 게임 중에서도 잔인한 게임, 폭력적인 게임은 가급적 하지 말아야 한다. 예전에 GTA 게임을 해본 적이 있다. GTA는 게임 속 캐릭터로 도시를 돌아다니며 미션을 수행하는 게임이다.

그런데 이 게임은 자유도가 엄청나게 높은 게임이다. 그래서 길에 지나가는 사람을 때릴 수 있고 심지어 죽일 수도 있다. 아무 데서나 차를 훔쳐 운전할 수 있고 차로 사람을 치어 죽일 수도 있다. 현실에서 절대 할 수 없는 일을 게임에서 마음껏 할 수 있는 것이다.

나도 처음 GTA를 했을 때 너무 신기했다. 순식간에 빠져들어 갔다. 하지만 얼마 후 GTA를 컴퓨터에서 삭제해야만 했다. 왜냐하면, 사람을 때리고 가게에 들어가서 물건을 훔치고 차로 사람을 치고 총으로 사람을 쏴 죽이는 게임을 계속하니 머리가 깨질 듯이 아팠다.

처음에 머리가 아팠을 땐 왜 그런지 몰랐는데 시간이 점점 지나자 아픔의 원인이 GTA 게임 때문인 것을 알게 됐다. 그래서 게임을 삭제하고 회개하자 깨질 듯이 아팠던 머리는 점차 나아졌고 다시 일상생활로 돌아갈 수 있었다.

나는 그때 모든 게임이 다 좋은 건 아님을 깨달았다. 폭력적이고 잔인한 게임은 영혼을 갉아먹는 사탄의 도구임을 기억해야 한다.

"에이, 목사님. 현실에서 하는 것이 아니라 가상세계에서 단지 게임으로 하는 건데 어떻게 사탄의 도구가 될 수 있습니까?"

이렇게 반문한다면 아직 그 사람은 구원받지 못한 사람일 확률이 크다. 구원받은 하나님 백성은 악한 것을 보면 반응하게 되어 있다.

왜인 줄 아는가?

내가 섬기는 하나님이 거룩하신 분이시기 때문이다. 하나님께서는 자기 백성들이 악한 길로 갈 때 깨닫게 하시고 가르쳐 주신다. 폭력적인 게임, 잔인한 게임은 그 자체가 이미 악하기 때문에 내 영혼을 살리기 위해서는 하지 않는 것이 맞다.

2) 게임에 중독되는 순간 나는 영혼을 갉아먹는 마귀의 도구에 빠지게 되는 것이다

나는 롤을 좋아한다. 그런데 지금은 더 이상 롤을 하지 않는다. 재미가 없어서 끊은 것이 아니라 하나님의 신호가 있었기 때문에 끊을 수밖에 없었다.

롤은 전 세계 사람들이 제일 좋아하는 게임이 아닌가?

원래 나는 롤을 좀 늦게 배운 편인데 전도사 때 배웠다. 처음엔 가렌이란 캐릭터로 정말 재미있게 했다. 하루에 서너 시간도 했던 것 같다. 한 번 시작하면 시간 가는 줄 모르고 했다.

특히 나는 롤을 할 때 서폿을 제일 많이 했다. 서폿으로 제일 높이 올라간 티어가 실버1이었다. 그렇다고 내가 서폿을 원해서 한 것이 아니라 손가락이 빠르지 못해서 서폿을 할 수밖에 없었다. 뭐 사실 손가락보다 뇌에서 판단하는 속도가 느려 게임을 도저히 따라갈 수 없어서 서폿으로 간 것이 맞다.

내가 서폿을 하면서 제일 많이 한 캐릭터가 무엇인지 아는가?

두 가지 캐릭터가 있는데 바로 소라카와 타릭이었다. 소라카와 타릭으로 정말 열심히 했는데 결국, 골드를 못 갔다. 그렇게 롤에 빠져서 하루에 몇 시간씩 하고 있을 무렵 어느 순간부터 말씀과 기도가 끊어지기 시작했다.

말씀을 읽어도 감동이 없었고 기도를 해도 기도가 잘 되지 않았다. 처음에는 그 이유를 몰랐다. 아니 알고 있었는데 모른 척했던 것이다. 바로 롤 때문이었다. 나는 어느 순간부터 롤을 너무 사랑하고 그 게임에 완전히 빠져든 것이었다.

예배 시간에도 롤 생각이 떠나지 않았다.

'예배 마치고 집으로 가서 오늘 한타 때는 타릭으로 해서 꼭 이겨야지!'

'소라카로 해서 뒤에서 힐을 잘 줘야지.'

'우리 팀이 이기려면 내가 서폿으로 와드 잘 설치해야지…'

목사님 설교를 들으면서 이런 생각들을 하고 있는 나를 발견하게 되었다. 즉 나는 롤에 중독이 되어 버린 것이다. 그래서 나는 나 나름대로 롤을 하면서 하나님과 타협할 수 있는 부분이 없는지 생각해 보았다.

예를 들면, 게임 시간을 1시간으로 줄인다든지, 아니면 이틀에 한 번 한다든지, 아니면 하루에 한 게임만 한다든지…. 정말 롤을 하면서도 하나님과의 관계를 회복하기 위해 별의별 방법을 다 써봤지만 소용이 없었다.

롤을 삭제하는 방법 외에는 없었던 것이다. 결국, 큰마음 먹고 롤을 끊어 버렸다. 그러자 신기하게 말씀과 기도가 회복되기 시작했다. 다시금 내 마음 안에 하나님의 평안과 사랑이 흘러가기 시작했다. 그 뒤에도 삭제와 설치를 반복하다 이제는 롤과 완전히 멀어진 상태다.

자, 여기서 당신이 게임에 중독되었는지 알 수 있는 방법을 가르쳐 주겠다. 만약 현재 당신의 기도와 말씀 생활이 끊어졌다면 게임에 중독되었을 확률이 크다. 예수님께서는 게임뿐만 아니라 심지어 가족보다 예수님을 더 사랑해야 한다고 말씀하셨다.

하지만 내가 예수님보다 게임을 더 사랑할 때 게임이 곧 우상이 되어 버린다. 그렇게 우상을 섬기고 있는 나에게 기도와 말씀이 잘 될 리가 없다.

또 내가 게임에 중독이 되어 있는지 알 수 있는 방법은 그 게임을 하면서 분노를 쏟아 내며 욕을 하고 있다면 곧 게임 중독에 걸린 것임을 명심해야 한다.

만약 내가 게임을 하면서 게임이 잘 안 풀릴 때 분노를 쏟아 내고 있다면 그래서 욕이나 험한 말과 부정적인 말과 마음을 쏟아 내고 있다면 당신은 그 게임에 완전히 중독된 것이다.

그럴 때는 그 게임을 컴퓨터에서 삭제하지 않는 이상 하나님과의 관계를 정상적으로 회복하기 어렵다. 중독에 걸렸을 땐 과감하게 삭제해야 한다. 그래서 마귀가 그 게임을 통해 내 영혼을 갉아먹지 않도록 해야 한다.

3) 마귀의 형상이 들어가 있는 게임을 하지 마라!

게임 중에서도 게임 캐릭터가 마귀의 형상으로 되어 있는 것이 많이 있다. 따로 이름은 말하지 않겠다. 여러분이 분별하기를 바란다. 그런 게임들을 자세히 보면 마귀가 상당히 친근하게 나와 있다.

지금 당장 당신이 하는 게임에 마귀 형상을 한 캐릭터가 없는지 살펴봐라. 만약 그런 캐릭터를 골라 즐겁게 게임하고 있다면 당신은 당신도 모르게 마귀의 종노릇하면서 살아가고 있는 것임을 명심하라.

나는 예전에 '아! 그런 마귀 형상을 하고 있는 캐릭터를 물리칠 수 있는 정의의 캐릭터를 하면 하나님께 영광이 되지 않을까?'라는 생각을 한 적이 있다. 나는 실행에 옮겨 봤지만 여전히 자유함을 누릴 수 없었다. 마귀 형상을 하고 있는 게임들을 피해라. 그것이 내 영혼을 살리는 길이다.

4) 게임 외에 건전한 취미를 만들자

우리는 게임 외에 다른 건전한 취미를 만들어야 한다. 예를 들어 운동, 책 읽기 등이 있다. 몸과 영혼을 살찌우는 건전한 취미를 만들어가자. 운동을 하면 정신이 맑아진다.

운동을 해서 변화된 사람이 많다. 나도 그중 한 사람이다. 고2때부터 시작한 헬스로 인생이 많이 달라졌다. 운동을 하고 자신감이 생기고 부끄럽고 소심한 성격이 적극적으로 변했다.

책을 읽자. 내 인생은 책을 읽으면서부터 변화되었다. 원래 나는 책과 담을 쌓고 살았던 인생이었다. 그런데 내가 전도사 사역을 나가고 사역 1년 차 때 아이들과 관계도 깨지고 선생님들 절반은 부서를 그만둔다고 하셨을 때 사역을 그만 두어야 하나 생각했지만 다시 처음부터 배워야겠다는 생각과 함께 책을 읽기 시작했다.

책을 미친 듯이 읽었다. 그때부터 생각이 변하기 시작했다. 감정적이었던 내가 이성적으로 변했고 생각의 폭이 넓어졌다. "책을 읽으면 머리가 트인다"는 어른들의 말씀을 그때 처음으로 경험했다. 그리고 지금까지 항상 책과 함께 해 오고 있다.

책을 읽자!

그리고 게임을 끊기 위해 다양한 노력을 해야 한다. 저녁 시간 컴퓨터 선 뽑기, 컴퓨터를 거실 또는 부모님 방에 설치하기, 부모님과 시간 정해서 하기 등등 모든 노력을 다해야 한다. 되도록 방안에 컴퓨터를 설치하는 것을 추천하지 않는다.

핸드폰을 하는 시간도 절제해야 한다. 나는 제자 훈련을 하면 꼭 한 가지 숙제를 주는데 '토요일 저녁 12시 전에 잠들기'이다. 토요일 저녁 늦게까지 핸드폰을 하다가 새벽 늦게 잠이 들어서 다크 서클이 가득한 채 예배 시간에 오는 학생들이 많다.

핸드폰을 부모님께 드리고 다시 받는 것도 좋은 방법이다. 내가 아는 여학생은 저녁 10시만 되면 부모님 방에 핸드폰을 가져다 놓고 잠자리에 든 뒤로 잠을 깊이 잘 수 있게 되었다는 이야기를 들었다.

나는 원래 게임 사역을 했었다. 게임 사역이란 학생들과 PC방에 함께 가서 게임을 하는 것이다. 게임이 끝난 후 PC방 요금까지 계산하면 나를 바라보는 학생들의 눈빛이 달라진다.

학생1: 야! 나 이번 주말에 목사님이랑 어디 갔다온 줄 알어?

학생2: 어디? 어디?

학생1: 나 목사님이랑 OOPC방 다녀왔어!

학생2: 정말? 목사님도 게임하셔?

학생1: 응. 롤 완전 잘하시던데. 덕분에 우리가 이겼어.

학생2: 와 … 멋지다.

학생1: 근데 더 멋진 게 뭔 줄 알어?

학생2: 뭔데??

학생1: 게임비 다 내주심 ….

학생2: 와 그건 인정!

내가 PC방 가서 아이들과 게임하는 순간 아이들은 마음 문을 열고 난 선망의 대상이 된다. 하지만 이제는 PC방에 가서 게임하지 않는다. PC방이 아이들을 변화시키는 것은 아니기 때문이다. 더욱이 안 하던 게임을 하게 되어 내가 게임 중독에 빠지게 될 수도 있기에 더 이상 PC방 사역을 하지 않는다.

나는 게임을 좋아하는 학생이었다. 내 인생에 게임 없이 산다는 것은 있을 수 없는 일이었다. 하지만 예수님을 인격적으로 만난 후 게임에 중독되어 게임을 우상처럼 섬기고 있는 나를 발견하게 되었다.

게임 때문에 분노하며, 욕하며, 화를 쏟아 내는 내 모습이 마귀가 노리고 있는 치명적 전략이라는 것을 알게 되었다. 그때부터 게임을 끊기 위해 많은 노력을 했다. 게임을 다 지워버리기도 하고, 게임기를 망치로 부숴 버리기도 했다.

나는 게임을 끊는 과정이 많이 힘들었다. 그만큼 게임이 내 삶에 깊게 스며들어 있었다. 이스라엘 백성이 바알을 끊지 못했던 것처럼 나도 게임을 끊어 버리지 못했다. 게임을 삭제하고, 게임기를 부숴 버리는 순간에도 내 마음속에는 이러한 걱정이 있었다.

'게임이 없으면 내 삶에 즐거움이 있을까?'

그렇다면 지금 게임에서 멀어진 나는 어떨까?

너무 행복하다. 더 이상 게임으로 분노를 쏟아 낼 필요도, 욕을 할 필요도 없다. 하나님께 나아 가는데 걸림돌을 치워 버리니 내 영혼이 너무 행복하다.

'게임을 삭제하면 네가 게임 없이 살 수 있을 것 같아'라는 생각에 속지 말자. 오히려 게임과 멀어지면 당신의 영혼은 훨씬 더 행복할 것이다.

크리스천은 게임과 멀어져야 한다. 청소년들이여 게임과 빌어시자. 말씀과 기도를 가까이하며 게임 외에 건전한 취미를 찾자.

6. 크리스천 우상 숭배! 도대체 뭔가요?

주일 저녁 예배를 앞두고 예배 준비를 하고 있을 때였다. 누군가 뒤에서 어깨를 쳐서 뒤돌아 봤더니 고등부 남학생이었다.

학생: 목사님!

나: 응, 그래. ○○아. 무슨 일 있어?

학생: 아. 목사님! 저 고민이 있는데요.

나: 응? 어떤 고민?(순간 긴장)

학생: 목사님. 오늘 부모님이랑 약속했는데 어떻게 할까요?
　　　저는 안 가고 싶어요(시무룩)….

나: 응? 무슨 일이길래 안 가고 싶은 거야? …

학생: 오늘 큰집에 제사 드리러 가는 날이에요.

나: 아 … 제사 ….

그 남학생이 주일 저녁 예배 시작 전 나를 불렀던 이유는 부모님과 함께 제사를 드리러 가야 했기 때문이다. 그런데 제사를 드리러 가면 반드시 절을 해야 하니까 고민하다가 결국, 나에게 말을 꺼낸 것이다.

참고로 이 친구는 초등학교 때 친구 따라 교회 와서 중학교 때까지 심심하면 교회 나오는 친구였다. 그런데 이 친구가 고등학교 1학년 겨울 수련회 때 은혜 받고 뒤집어졌다. 아직도 그때가 기억난다. 저녁 집회를 앞두고 있는데 이 학생이 나에게 와서 말했다.

학생: 목사님!
나: 그래.
학생: 저 급한 일이 있어서 가 봐야 할 것 같아요.
나: 응?(이게 무슨 소리?) 집회 참석해라!
학생: 저 태권도장 가야 해요.
나: 태권도장? 전화 걸어서 못 간다고 말씀드리자.

그렇게 실랑이를 벌이다가 결국, 그 친구는 태권도장에 가지 못하고 집회에 참석했다. 나중에 안 사실은 그 친구는 태권도장을 다니지 않고 있었다. 그런데 놀랍게도 그날 저녁 집회 때 그 친구가 완전 뒤집어졌다. 말씀을 전하고 다같이 기도를 하고 있는데 가운데서 누군가가 두 손을 들고 울면서 기도하고 있었다. 그 사람은 집회 전까시 태권도장을 가야 한다고 말했던 그 학생이었다.

그때 나는 기도회를 인도하고 있었는데 그 친구가 기도하는 모습을 보면서 '혹시 장난치는 게 아닐까?'라고 생각할 정도였다. 그럴 만도 한 게 그 친구는 그날 낮에 담배 피우다가 선생님께 걸려서 나에게 왔던 친구였다. 은혜랑은 거리가 먼 친구였다. 그런데 그날 예수님을 인격적으로 만나고 새사람이 되었다. 얼굴 표정이 달라졌다.

회개하고 예수님을 진심으로 믿고 그 뒤로 담배 끊고 술 끊고 제자 훈련도 하면서 신앙 훈련도 제대로 받았다. 예수님을 인격적으로 만난 후 이 친구의 삶이 완전히 변했다.

그렇게 중학교 때까지 교회를 다녀도 부모님과 함께 큰집에 가서 아무렇지도 않게 절했던 그 친구가 하나님 외에 절하는 것이 우상을 숭배하는 것임을 알고 고민이 돼서 나에게 찾아온 것이다.

나는 그 학생에게 이렇게 말했다.

나: ○○아!

학생: 네! 목사님 … 목사님이 가지 말라고 하면 안 갈게요(내심 바라는 눈치).

나: 아니야! 너 부모님이랑 약속했으니, 가.

학생: 네? …(당황).

나: 대신 가서! 너는 당당하게 예수 믿는 사람이라고 밝히고 절하지 말고 거기에 있는 너희 가족들을 위해 기도하렴.

학생: 네!

나: 목사님도 기도할게! 파이팅이다.

가지 말라고 말할 수 있었지만 그렇게 하지 않았다. 언젠가는 부딪쳐야 할 문제였기 때문이다. 가서 절하지 말고 서서 가족을 위해 기도하라고 했지만 속으로 상당히 떨렸었다. 그 학생 친척들 중 교회 다니는 어른이 단 한 명도 없다고 했다. 혹여나 절하지 않았다가 그 학생 부모님이 화나서 "교회 가지 마라"고 하면 어쩌나 하는 걱정이 앞섰다. 저녁 예배 시간이 끝나자마자 바로 그 친구에게 전화했다.

나: ○○아! 어떻게 됐어?

학생: 네! 목사님. 저 절 안 했습니다!

나: 그래? 와 잘했네. 그런데 어른들이 뭐라고 하지 않으셨어?

학생: 네 … 처음에는 심하게 혼났습니다. 그런데 앞으로 계속 절 안 해도 될 것 같습니다.

나: 그래? 와, 할렐루야다!

그 친구는 큰집 가서 절해야 하는 순간 절을 하지 않고 가만히 서서 기도했다고 한다. 왜 절을 하지 않냐고 야단치시는 어른들을 향해 자신은 크리스천이라고 당당하게 밝혔다고 한다. 그 말을 들은 집안 어른들은 화를 엄청 내셨다고 한다.

그런데 놀라운 일이 일어났다. 크리스천이기 때문에 하나님 앞에서 절할 수 없다는 그 모습을 보고 어른들이 그 친구를 크리스천으로 인정하며 앞으로 절하지 않아도 된다고 했던 것이다.

이 얼마나 놀라운 일인가?

얼마 전 그 학생에게 조심스럽게 물어봤다.

나: ○○아, 지금도 제사 때 절 안 하고 있어?

학생: 당연하죠! 지금도 안 해요.

나: ○○아! 멋지다. 너 정말!!

이 학생의 신앙이 너무 멋지지 않은가?

당신은 이 남학생의 이야기를 들으면서 어떤 생각이 드는가?

이렇게 말하는 친구들 여기 있는가?

"목사님!

좀 멋지긴 한데 우리 집은 전부 다 교회를 다니고 있기 때문에 저는 우상 숭배랑 상관이 없습니다."

우리는 어릴 때부터 교회를 다녀서 제사를 드린 적도 없었고 절을 한 적도 없기에 나는 우상 숭배만큼은 잘 지키고 있다는 착각에서 벗어나야 한다.

왜냐하면, 우상 숭배는 하나님 외에 다른 신에게 절하는 것만이 우상 숭배의 전부가 아니기 때문이다.

그렇다면 도대체 성경에서 말하는 우상 숭배는 과연 무엇일까?

> 아버지나 어머니를 나보다 더 사랑하는 자는 내게 합당하지 아니하고 아들이나 딸을 나보다 더 사랑하는 자도 내게 합당하지 아니하며(마 10:37).

예수님께서는 아버지나 어머니, 아들이나 딸을 예수님보다 더 사랑하는 자는 예수님께 합당하지 않다고 말씀하셨다. 예수님께서는 우상 숭배 정의를 내리셨다. 바로 '예수님보다 더 사랑하는 모든 것'이 우상 숭배이다.

예수님께서는 자신의 가장 소중한 것보다 예수님을 더 사랑하라고 말씀하신다. 내가 예수님을 믿어서 구원받은 하나님의 백성이라면 예수님이 나의 1순위가 되어야 한다. 만약 나에게 1순위가 예수님이 아닌 다른 것이라면 그것이 바로 우상 숭배라고 성경은 말하고 있다.

1) 현재 당신은 무엇을 가장 사랑하고 있는가?

예를 들어 주일 예배가 끝나고 찬양팀 연습을 하고 있는데 카톡이 왔다.

여자 친구: ○○아. 지금 뭐 해?

나: 나 지금 찬양팀 연습하고 있어.

여자 친구: 아! 혹시 지금 나올 수 있어? 나랑 같이 밥 먹자.

나: 밥 먹자고? 배고프긴 한데 … 찬양팀 연습해야 해.

여자 친구: 나랑 밥 먹는 게 싫은가 보네? 알겠어. 다른 사람이랑 갈게.

나: 아니야! 선생님한테 집에 급한 일 생겼다고 말하고 금방 갈게. 잠시만 기다려 줘.

여자 친구: 알겠어. 빨리 와!

교회를 다니지 않는 여자 친구의 메시지였다. 여자 친구가 점심을 함께 먹자고 말했다. 찬양팀 연습을 잘해야 다음 주 찬양 시간에 집중할 수 있는데 갈등이 된다.

내 여자 친구는 학교에서 누구나 다 인정하는 인싸다. 얼굴노 이쁘고 공부도 잘하는데 성격도 좋다. 고민 끝에 여자 친구랑 밥을 먹으러 가는 것을 선택했다. 왜냐하면, 찬양 연습 때문에 여자 친구와 사이가 멀어질 수 없었기 때문이다. 선생님께는 집에 급한 일이 있다고 거짓말을 하고 여자 친구를 만나러 간다.

또 예를 들어 보자. 오늘은 고등부 기도회가 있는 날이다. 기도회 시간은 토요일 오후 6시다. 지금은 오후 3시고 나는 유튜브를 보고 있다. 시간 가는 줄 모르고 유튜브를 보고 있는데 잠시 시계를 보니 오후 5시 30분이다. 지금 씻고 준비해서 교회 가면 6시에 도착할 수 있다.

나: 오늘 유튜브가 너무 재미있는데 하루 정도는 기도회 안 가도 되겠지. 목사님께서 물어보시면 몸이 아파서 갈 수 없었다고 말해야지. 유튜브나 보자!

이런 경우 예수님보다 여자 친구와 유튜브를 더 사랑한다고 말할 수 있다.

주일날 여자 친구랑 통화하다가 예배 시간을 30분 늦는다면 …
예수님께서 뭐라고 말씀하실까?
평소에 성경 읽고 기도하는 시간이 롤로 대체되어 버렸다면 …
예수님께서 뭐라고 말씀하실까?
양육받는 것보다 인스타그램 사진 올리는 것이 더 중요하다면 …
예수님께서 뭐라고 말씀하실까?
만약 공부한다고 예배 시간을 밥 먹듯이 빠진다면 …
예수님께서 뭐라고 말씀하실까?

스포츠도 우상이 될 수 있다. 난 축구를 너무 좋아한다. 젊었을 땐 축구를 하는 곳이면 어디든지 달려갔다. 하지만 이제 축구를 잘할 수 없는 나이가 된 지금은 축구 시청을 좋아한다. 그런데 만약 축구를 너무 좋아해서 토요일 밤새도록 축구를 보다가 주일날 설교를 한다면 축구가 우상이 되어 버릴 수 있는 것이다.

당연히 여자 친구 만날 수 있다. 어느 정도의 게임도 할 수 있다 (단! 게임 중에서도 죽이고 마귀 형상을 한 게임들은 우리의 영혼을 갉아먹는 마귀의 도구라는 것을 명심하자!). 축구도 신나게 할 수 있다.

하지 말라는 게 아니다. 우리는 주님 안에서 즐겁게 살 수 있다. 중요한 것은 그 모든 것이 예수님보다 앞설 수 없다는 것이다. 예수님 안에서 기쁨과 감사함으로 여자 친구도 사귈 수 있고 게임도 할 수 있고 축구도 할 수 있다.

2) 예수님이 당신의 1순위임을 기억하라!

나는 매일매일 예수님 보다 더 사랑하는 것이 없는지 내 마음을 돌아본다. 만약 내 레이더에 포착되는 것이 있다면 마음속에서 내려 놓는 작업을 한다. 그리고 실제로 멀어지기도 한다. 이것이 우리의 영적 싸움이다. 우리 모두는 세상의 유혹과 맞서서 싸워야 한다. 유혹은 우리를 병들게 하며 파괴시키기 때문이다.

우리는 예수님을 뜨겁게 사랑해야 한다. 왜냐하면, 예수님이 우리의 왕이시기 때문이다. 사도 바울은 하나님의 백성들이 이 땅에서 살아가는 목적에 대해 말씀한다.

> 내가 그리스도와 함께 십자가에 못 박혔나니 그런즉 이제는 내가 사는 것이 아니요 오직 내 안에 그리스도께서 사시는 것이라 이제 내가 육체 가운데 사는 것은 나를 사랑하사 나를 위하여 자기 자신을 버리신 하나님의 아들을 믿는 믿음 안에서 사는 것이라(갈 2:20).

내가 살아가는 목적은 나를 위해 십자가에 못 박히신 예수님을 위해 사는 것이다. 만약 당신에게 이런 확신과 간절함이 없다면 구원의 확신에 대해 다시 한번 더 생각해 봐야 한다. 세상에는 즐거운 것들이 너무 많다. 게임, 드라마, 유튜브, 인스타그램, 남친, 여친, 쇼핑, 기타 등등, 헤아릴 수 없을 정도로 우리를 즐겁게 하고 기쁘게 하는 것들이 많다.

하지만 하나님의 백성들에게는 예수님이 1순위다. 이 사실은 변함이 없다. 유혹에 흔들리지 말고 기쁨과 감사로 맞서 싸우자. 당신의 1순위가 예수님이 되기를 바란다.

7. 크리스천은 어떻게 유혹을 이길 수 있나요?

　나는 매일 아침마다 하루도 빼먹지 않고 하는 일이 한 가지 있다. 체중계에 올라가서 내 몸무게를 측정하는 것이다. 나는 매일 아침 긴장된 마음으로 걱정하며 체중계에 올라간다.
　'오늘은 내 몸무게가 두 자리일까?
　세 자리일까?
　제발 두 자리여야 할 텐데.'
　하지만 내 마음과는 다르게 언제나 세 자리 숫자가 찍혀 있다. 그래서 나는 내 몸무게 목표치를 이루기 위해서 다이어트를 하고 있다. 하지만 다이어트는 나에게 풀리지 않는 수학 문제와 같다. 왜냐하면, 나는 먹는 것을 너무 좋아하기 때문이다. 그래서 다이어트를 할 때마다 먹고 싶은 유혹을 떨쳐내는 것이 너무 어렵다.
　다이어트를 할 때 옆에서 아내가 많이 도와준다. 아내는 내가 살을 뺄 수밖에 없는 식단을 짜서 요리해 준다. 집에 와서 기대하는 마음으로 밥을 먹기 위해 식탁에 앉아 있는데 풀로 만든 음식 밖에 없으면 힘이 빠진다. 다이어트를 위해 어쩔 수 없이 거쳐가야 하는 과정이지만 그 순간이 나에겐 큰 괴로움이다.
　결국, 이틀을 못 가고 최대한 불쌍한 표정으로 아내를 향해 "나 라면 좀 끓여 주세요, 밥도 말아 주세요"라고 말한다.

그러면 아내는 못 이기는 척 라면을 끓여 준다. 이제 내가 다시 아내에게 다이어트를 한다고 말하면 아내는 날 보고 이렇게 말할 것이다.
"또 저녁에 라면 먹으려구요?"
먹고 싶은 유혹을 이겨 내눈 게 참 어렵다. 아침까지만 해도 '오늘 저녁에는 물만 마시고 다이어트 해야지' 하다가도 저녁만 되면 신기할만큼 먹을 것을 찾게 된다. 다이어트의 어려움을 이야기하면서 당신에게 묻고 싶은 것이 있다.
당신은 어떤 유혹에 흔들리는가?
우리는 늘 유혹을 받으며 살아간다. 유혹은 상대방을 꾀어서 좋지 아니한 길로 이끄는 것을 뜻한다. 특히 믿음을 가지고 살아가는 우리가 세상에서 유혹을 이겨 내며 믿음을 지키며 살아가는 것은 참 어렵고 힘든 일이다.
얼마 전 고등학교에서 시험을 치고 나오는 고등부 학생을 만났다. 반갑게 인사했는데 그 친구의 손에는 수학 시험지가 들려 있었다. 나는 친구에게 수학 시험지를 보자고 말했다. 시험지를 건네는 친구가 나에게 말했다.

> 학생: 목사님. 문제 푸시려고요?
> 나: 응? 아니 아니! 요즘에 수학 시험이 어떻게 나오는지 궁금해서 그래.
> 학생: 아. 네! 여기 있습니다.
> 나: 고맙다. 잠깐만 보고 줄게.

시험지를 보니 내가 고등학교 때 치던 수학 시험지랑 많이 달랐다. 문제 배점이 다양했다. 3점짜리 문제도 있고 4점짜리 문제도 있었으며 심지어 10점이나 되는 문제도 있었다. 내가 시험을 칠 때는 객관식이 80퍼센트, 주관식이 20퍼센트였는데 그 친구가 들고 있는 수학 시험지는 객관식이 30퍼센트, 서술형이 70퍼센트였다.

만약 당신이 중간고사 수학 시간 서술형 10점 문제를 풀고 있다고 가정해 보자. 10점 문제를 푸는데 정답 풀이 과정까지는 자세히 적었다. 그런데 답이 헷갈린다. 답이 4인 것 같기도 하고 5인 것 같기도 하다.

머리를 쥐어뜯으며 고민하고 있는데 당신의 대각선 앞줄에 있는 친구가 마지막 문제를 풀고 있는 게 보인다. 문제를 풀고 있는 그 친구는 우리 반 1등이자 전교 1등인 학생이다. 당신이 살짝 눈을 돌리면 그 친구가 적은 답이 보일 것 같다. 당신은 이때 갈등한다.

'눈을 옆으로 돌릴까?

돌리지 말까?'

이럴 때 우리는 유혹을 받고 있다는 말을 쓴다.

또 우리는 유혹을 받는다. 남자들은 혈기왕성한 나이 때 성의 유혹을 많이 받는다. 얼마 전 남학생 한 명이 나에게 학교에서 있었던 일을 말해 주었다.

학생: 목사님, 저 학교에서 이상한 사람이 되어 버렸어요.

나: 응? 이상한 사람? 무슨 일 있었어?

학생: 네. 점심시간에 친구들이 핸드폰으로 여자 BJ들이 옷을 야하게 입고 나와서 춤을 추는 영상을 보고 있었어요.

나: 아~ 그랬어?

학생: 네. 친구들이 같이 보자고 하더라고요. 그래서 저는 그런 영상을 안 본다고 했어요. 그런데 친구들이 갑자기 저를 이상하게 쳐다보면서 "너 혹시 문제 있냐?"라

고 심각하게 물어봤어요.

나: 아~ 그랬구나. 네가 당황스러웠겠네.

학생: 네, 목사님. 저도 사실 보고 싶은 마음은 있지만 보면 빠져들까 봐 안 본 건데 아이들이 문제 있냐고 물어보니 속상했어요. 저는 상당히 건강한 남자인데….

나: 그래 그래. 담엔 얘들한테 나는 그런 영상 보면 너무 깊이 빠져들어서 안 보는 거라고 말하렴.

학생: 네, 목사님.

남학생이 나에게 와서 학교 점심시간에 여자 BJ 영상을 보지 않아 친구들이 자기를 이상한 눈빛으로 쳐다봤다고 말했다. 자신도 보고 싶은 마음이 있지만 그런 영상을 보면 하나님께서 기뻐하시지 않는 음란으로 빠질 수 있기에 참았는데 오히려 친구들은 혹시 문제가 있냐며 심각하게 물어봤다는 것이다.

그렇다면 당신은 유혹을 받을 때 어떤 선택을 하는가?
유혹에 쉽게 넘어 가는 편인가?
아니면 유혹을 이겨 내려고 하는 편인가?

오늘 이 질문은 신앙을 가지고 살아가는 우리에게 상당히 중요한 질문이다. 왜냐하면, 우리는 죽을 때까지 유혹을 받으며 살아가기 때문이다. 그래서 우리는 유혹을 어떻게 이겨 내는지 알아야 한다.

유혹을 이겨 내지 않으면 우리는 유혹에 빠져 살아가게 된다. 유혹에 빠지면 정상적인 삶을 살아갈 수 없다. 그래서 우리는 유혹을 이겨 내는 방법을 알아야 한다.

얼마 전 〈뭉쳐야 쏜다〉라는 예능 프로그램이 끝이 났다. 〈뭉쳐야 쏜다〉는 각 스포츠 분야에서 레전드였던 선수들이 팀을 이뤄 농구를 하는 예능 프로그램이었다.

각 분야에서 최고였던 선수들이었기에 기대하는 마음으로 TV를 봤는데 생각보다 너무 못해서 놀랬다. 수비를 놓쳐서 쉽게 득점을 허용하며 패스를 잘 주지 못해서 빼앗기는 경우도 허다했다.

그 모습을 보면서 어떤 운동이든 방법을 제대로 모르면 아무리 훌륭한 선수라고 해도 잘하기 힘들다는 사실을 깨달았다. 우리도 크리스천으로 유혹을 이겨 내는 방법을 모른다면 패배한 인생을 살게 되는 것이다.

1) 그렇다면 우리는 어떻게 유혹을 이겨낼 수 있는가?

우리가 유혹을 어떻게 이겨 내야 하는지 알려면 예수님을 보면 된다. 예수님 또한 우리처럼 유혹은 받으셨지만 죄는 없으신 분이시다. 예수님께서 받으신 대표적인 유혹이 있다. 예수님께서는 40일 동안 금식하시고 난 후 유혹을 받으셨다.

마귀는 예수님을 세 가지 방법으로 유혹했다.

첫째, 마귀는 돌들을 떡덩이로 만들라고 유혹했다.

40일 동안 금식하신 예수님은 상당히 시장하셨을 것이다.

혹시 40일을 금식한 사람이 있는가?

나는 7일을 금식한 적이 있다. 수능을 준비하면서 수능이 끝난 후 7일 금식 기도를 하리라고 다짐하고 기도했다. 수능을 준비하면서

까맣게 잊고 있다가 수능을 마친 후 그때의 기도 제목이 떠올라 금식을 하러 기도원으로 올라갔다.

그런데 금식한지 하루가 지난 후 바로 내려오려고 했다. 배고픔이 너무 힘들었기 때문이다. 하지만 어머니의 만류로 기도원에서 꾸역꾸역 버티면서 7일을 금식한 기억이 있다.

예수님은 하나님이셨지만 동시에 사람이셨다. 그렇기 때문에 그 누구보다 배고픔을 잘 아셨다. 마귀가 돌이 떡덩이가 되게 하라고 했을 때 예수님께서는 돌로 떡덩이가 되게 하실 수 있는 능력을 가지고 계셨다. 하지만 예수님께서는 마귀의 유혹을 단호하게 거절하셨다.

둘째, 첫 번째 유혹이 실패하자 마귀는 예수님을 성전으로 데리고 갔다.

마귀는 예수님을 성전 꼭대기에 세우고 네가 만약 하나님의 아들이면 뛰어내리라고 유혹했다. 네가 뛰어내리면 너를 위해 하나님의 사자들이 지켜서 네 발이 돌에 부딪치지 않게 할 거라고 유혹했다. 예수님은 마귀의 두 번째 유혹에 "주 너의 하나님을 시험하지 말라"라고 말씀하셨다.

셋째, 두 번째 유혹마저 실패하자 마귀는 예수님을 높은 산으로 데리고 가서 천하만국을 보여 주며 자신에게 엎드려 경배하면 이 모든 것을 예수님께 주겠다고 말했다.

그러자 예수님은 "사탄아! 물러가라. 주 너의 하나님께 경배하고 다만 그를 섬기라"라고 말씀하셨다. 예수님은 마귀 유혹을 이겨 내셨다. 우리는 예수님께서 이겨 내신 것처럼 유혹을 이겨 내야 한다.

2) 그렇다면 예수님께서는 유혹을 어떻게 이겨 내셨는가?

(1) 유혹을 주는 상대가 누구인지를 알아야 한다

유혹은 하나님께서 주시는 것이 아니다. 성경에 나오는 '시험'에는 두 가지 뜻이 있다.

하나는 하나님께서 주시는 시험이다.

하나님께서는 인간에게 시험을 주신다. 그런데 오히려 그 시험은 인간에게 유익이다. 시험을 통해 우리는 신앙의 훈련을 받고 우리의 믿음이 더욱더 단단해지기 때문이다. 그래서 시험은 하나님께서 주시는 테스트라고 할 수 있다. 성경에는 하나님의 테스트를 통해 믿음이 단련된 많은 사람이 있다.

또 다른 하나는 바로 '유혹'이다.

유혹은 마귀가 준다. 마귀는 우리가 하나님의 말씀을 좇아 살지 못하도록 유혹한다. 마귀는 항상 우리를 노리고 있고 우리가 하나님의 말씀을 벗어나도록 유혹한다.

마귀는 또한 영이기에 우리가 살아가는 생활습관을 유심히 관찰하여 우리가 무엇을 좋아하고 무엇을 선택하는지 어떤 것을 중요하게 생각하는지 자세히 살펴본다. 그래서 우리의 연약한 부분을 잘 알아서 하나님과 반대되는 삶을 살도록 우리를 유혹하는 것이다.

(2) 마귀는 예수님을 어떻게 유혹했는가?

마귀는 예수님을 유혹할 때 돌들이 떡덩이가 되게 하고 성전에서 뛰어내리고, 높은 산에서 자기에게 절하라고 했다. 세 가지 유혹에는 공통점이 한 가지 있다. 바로 하나님을 위해 살지 말고 너를 위해 살라는 것이다.

첫째, 예수님께서는 돌들을 떡덩이가 되게 하실 수 있으셨다.
오병이어 기적을 보라. 그런데도 하지 않으신 것은 마귀가 예수님 자신을 위해 하라고 했기 때문이다.
둘째, 예수님께서 뛰어내리시면 천사가 보호해 줄 것이다.
하지만 예수님은 그렇게 하지 않으셨다. 하나님께서 말씀하신 것이 아니기 때문이다.
셋째, 마귀는 자신에게 절을 하면 예수님께 모든 것을 주겠다고 말했다. 하지만 이 세상의 왕은 하나님이시지 마귀가 아니기에 예수님께서는 절하지 않으셨다.

마귀의 유혹은 교묘하다. 하지만 흐르는 길은 똑같다. 마귀는 하나님의 말씀을 떠나 너를 위해 살라고 말한다. 마귀는 지금도 우리를 유혹한다. 말씀 따라 살지 말고 네가 하고 싶은 대로 살라고 말한다.

나: 아, 오랜만에 유튜브 좀 볼까?
마귀:(속삭이며) 오랜만에 보는 거니까 계속 봐도 되겠네.
나: 와, 재미있다(시간 가는 줄 모름).

엄마: ○○아! 이제 자야지?

나: 네, 알겠어요!

마귀: 아. 벌써 자려고? 30분만 더 봐(30분 더 보게 하고 결국엔 밤새게 만들어야지).

나: 음 … 그럼 30분만 더 보고 잘까?(결국, 밤새서 학교 감)

명심하라. 마귀는 인간의 생각을 통해 유혹한다.

마귀1: 오늘 네가 입은 옷이 왜 이래?
저기 저 애 봐. 너보다 못 사는데 옷은 비싼 거 입고 있잖아. 가서 미워해!

마귀2: 야동 보고 싶지 않아? 클릭 한 번 하고 나중에 회개해 … 괜찮을 거야. …

마귀3: 넌 안돼. 뭘 해도 안 될 거야 … 노력하지 마 … 재능 없잖아. …

아이들과 제자 훈련을 할 때 아이들이 나에게 많이 물어보는 질문 중에 하나가 있다.

학생1: 목사님! 혹시 가위 눌러 보셨어요?

나: 아~ 그래. 목사님도 있어. 목사님은 가위보다는 꿈을 안 먼씩 꾸는데 꽃사는 꿈을 꿔. 일어나면 너무 실제 같아서 놀랄 때가 많아.

학생1: 아! 저도 그래요.

학생2: 저도 그런 적 있어요. 목사님!

나: 그래. 그럴 땐 우리가 어떻게 해야 할까?

학생1, 2: 흠 … 잘 모르겠어요.

나: 너희가 잠을 자기 전에 예수님의 이름으로 기도하고 잘 때도 지켜 달라고 보호해 달라고 기도하고 자 봐. 목사님도 그렇게 하는 순간부터 악몽을 꾸지 않게 됐어.

학생1, 2: 아! 알겠습니다.

마귀는 꿈에서까지 우리를 괴롭히려고 한다. 나 또한 그런 꿈을 꾸다 일어나면 마음이 너무 뒤숭숭했다. 그래서 그다음부터 자기 전에 평안히 자게 해 달라고 예수님의 이름으로 기도한다. 그 이후로는 악몽을 더 이상 꾸지 않았다.

예수님의 이름으로 믿음으로 기도하면 꼼짝 못하는 것이 마귀다! 기억하자!

(3) 마귀의 유혹을 예수님의 이름으로 대적하라

> 마귀는 벌써 시몬의 아들 가룟 유다의 마음에 예수를 팔려는 생각을 넣었더라 (요 13:2).

가룟 유다가 예수님을 팔아 넘긴 이유는 마귀의 유혹에 넘어갔기 때문이다. 당신은 마귀가 주는 생각을 떨쳐내야 한다.

마귀가 주는 생각을 분별하고 예수님의 이름으로 대적하라!

하나님께서 주시는 생각은 성령의 열매로 사랑, 희락, 화평, 오래 참음, 양선, 자비, 충성, 온유, 절제이다. 더럽고 악한 생각은 하나님께서 주시는 생각이 아니다. 그럴 땐 그 생각들을 물리쳐 버려야 한다.

"예수 그리스도 이름으로 명하노니 더러운 마귀야 떠나가라!"

그럴 때 마귀는 떠나고 당신의 마음에 자유함이 넘칠 것이다.

다같이 마귀의 유혹에 맞서 싸우자!

8. 크리스천은 음란한 마음을 이겨낼 수 있나요?

예전에 고등학생 한 명이 나에게 와서 상담을 요청했다.

친구: 목사님!

나: 응. 그래~ 친구야.

친구: 목사님, 저 그게 ….

나: 편하게 말해 봐.

친구: 저 그게 있잖아요. … 제 마음에 계속 음란한 마음이 들어요. 이거 어떻게 하면 이겨낼 수 있을까요?

나: 아? 그랬구나. … 흠 … 우리가 어떻게 이겨낼 수 있을까?

친구: 목사님, … 너무 힘들어요.

나: 그래. 우리 같이 기도해 보자!

그 친구가 나에게 와서 상담을 요청했던 것은 음란한 마음 때문이었다. 그런데 이것은 나에게 상담을 요청하러 왔던 친구만의 문제는 아니다. 많은 크리스천이 음란에 빠져 있으며 헤어 나오고 싶어도 나오지 못하는 교착 상태에 있다.

그렇다면 음란의 정확한 뜻이 무엇인가?

음란은 음탕하고 난잡하다는 뜻으로 매춘, 변태, 미혼 남녀의 성교 등 모든 비정상적인 성적 문란 행위를 일컫는다. 그런데 문제는 많은 크리스천이 음란에 빠져 있다는 것이다.

음란이 잘못됐다는 것을 잘 알고 있지만 그래서 음란에서 벗어나야 하는 것도 잘 알고 있지만 빠져 나오는 것이 쉽지 않다. 왜냐하면, 음란은 상당히 자극적이며 쾌락적이며 사람의 본능을 끌어당기는 강한 힘이 있기 때문이다. 그렇기 때문에 많은 크리스천도 음란의 유혹에 노출되어 있으며 쉽게 넘어간다.

특히나 미디어 시대에서 음란은 너무 쉽게 접할 수 있다. 나는 중학교 1학년 때 처음으로 경험(?)을 했다. 친구가 자기 집 옷장 위에 있는 빨간 테이프를 발견했는데 그게 무엇인지 궁금하다고 했다. 때마침 우리 집에 비디오를 새로 샀기 때문에 함께 보자고 했다.

함께 테이프를 보려던 찰나 어머니께서 오셨다. 우리는 무슨 테이프인지도 모르면서 급하게 테이프를 꺼내고 숨겼다. 친구는 집으로 돌아갔고 여전히 테이프는 내 손에 남겨져 있었다.

이 테이프는 과연 무엇인가?

모두가 잠든 깊은 밤 나는 거실로 나와 새로 산 비디오에 친구가 가져 온 빨간 테이프를 넣었다. 비디오 화면이 켜진 순간 나는 엄청난 충격을 받았다. 그 테이프는 누구나 다 알고 있는 야동이었다.

놀란 나는 친구에게 테이프를 가져다 주었고 친구는 옷장에 테이프를 다시 갖다 놓았다. 그리고 며칠 뒤 옷장 위에 있던 테이프가 사라졌다고 한다. 친구 부모님께서 친구가 옷장 위 빨간 테이프에 손을 댄 사실을 아신 것 같다.

우리는 음란에 상당히 많이 노출되어 있다. 미디어 곳곳에는 클릭 한 번에 음란한 동영상을 볼 수 있는 곳들이 널려 있다. 그리고 그런 영상뿐만 아니라 우리가 자주 접하는 인스타그램, 유튜브에도 음란이 자연스럽게 스며들어 있다.

그런데 더 큰 문제는 세상 사람들은 음란을 '죄'라고 인식하지 못한다는 점이다. 그래서 음란한 동영상을 보는 것도 본능이 끌리는 대로 하는 것이기 때문에 죄라고 생각하지 않는다. 크리스천과 생각 차이가 완전히 다른 것이다.

그렇다면 우리는 음란이 판을 치는 타락한 세상 속에서 어떻게 음란에서 자유로울 수 있을까?

1) 왜 우리는 음란에서 벗어나야 하는가?

우리가 음란에서 벗어나야 하는 이유는 하나님이 거룩하신 분이시기 때문이다. 하나님께서는 이스라엘 백성을 향해 말씀하셨다.

> 내가 거룩하니 너희도 거룩하라(레 11:45)

하나님은 거룩하신 분이시다. 하나님은 죄가 전혀 없으시며 완전하신 분이시다. 우리가 음란을 벗어나야 하는 이유는 우리가 예수님의 피로 씻음 받은 거룩한 하나님의 백성이기 때문이다. 그렇기 때문에 우리는 음란과 멀어져야 한다. 하지만 여기서 우리가 흔히 착각하는 것이 한 가지 있다.

학생: 목사님 … 저 궁금한 게 있는데요?

나: 응, 그래. 물어봐!

학생: 저… 크리스천은 연애를 해도 되는 건가요?

나: 응? 당연히 해도 되지!(다만 고등학교 때 말고 성인이 됐을 때 하자!)

학생: 아 … 네.

나: 우리는 다 이성에 관심이 있도록 창조되었어. 이성에게 호감을 느끼고 서로 사랑을 해서 결혼하도록 하나님께서 만드신 거야. 그렇지만 하나님께서 우리에게 주신 성을 잘못 사용할 때는 죄가 되는 거야. 예를 들면 결혼하지 않은 남녀가 부부처럼 살아가는 것은 합당하지 않아. 그렇다고 성 자체를 잘못된 것으로 생각해서는 안 돼! 이해했어?

학생: 네! 목사님. 감사합니다.

이 학생이 나에게 연애해도 되냐고 물어봤던 이유는 이것이었다.

"크리스천은 다른 사람을 좋아하는 감정을 가져도 되는 건가요?" 나는 당연히 된다고 말했다. 하나님께서는 인간을 창조하실 때 남자와 여자가 서로 사랑하도록 창조하셨다. 그래서 이성을 보면 호감을 느끼고 사랑하는 마음이 들고 서로를 보고 싶은 것은 자연스러운 감정이다.

그렇게 해야 연애도 하고 결혼도 할 것 아닌가!

하지만 우리가 놓치지 않아야 하는 건 성을 하나님의 창조질서에 맞지 않게 사용한다는 점이다. 예를 들어 육체적인 성관계는 하나님께서 부부에게만 주신 선물이다. 하지만 지금은 사랑만 하면 결혼 전이든 결혼 후든 아무하고 관계를 나눠도 문제가 없다고 말한다. 이것은 하나님께서 보실 때 대단히 무서운 죄악이다.

결혼이라는 제도는 크리스쳔만 지켜야 하는 것이 아니라 모든 인류가 지켜야 할 하나님의 법이다. 하지만 아무도 하나님의 법을 신경쓰지 않는다. 심지어 크리스쳔이라고 말하는 사람들조차도 하나님의 법보다 나 자신이 중심이 되어 살아가고 있다. 성경을 보면 성의 타락은 결국, 하나님의 심판을 불러왔다.

나는 성이 타락한 이 시대에 하나님의 진노와 심판이 두렵다. 그래서 기도한다. 이땅에 사는 하나님의 백성들이 유혹에 넘어 가지 않고 죄를 깨닫고 회개하며 거룩한 하나님의 백성으로 살아갈 수 있도록 말이다.

나는 이 시대에 크리스쳔의 가장 큰 문제점이 분별력이 없는 것이라 생각한다. 이 시대에 하나님께서 원하시는 것이 무엇인지, 우리가 어떻게 행동하는 것이 하나님께서 원하시는 것인지 더 이상 알려고 하지 않는다. 철저하게 본능에 충실하려고 한다. 세상 사람들과 똑같이 본능적 사랑을 하려고 하며 거기에 대한 환상을 가지고 있다.

크리스쳔에게는 두 가지 마음이 있다. 하나는 말씀을 좇으려는 마음, 다른 하나는 여전히 죄악을 좇는 마음, 우리 안에는 이 두 마음이 항상 치열하게 싸우고 있다. 그래서 우리는 죄악을 따르고 싶어 하는 우리의 마음을 이겨 내고 하나님의 말씀을 따라가야 한다.

하지만 더 이상 분별하려고 하지 않는다. 본능대로 움직인다. 하나님의 말씀은 뒷전이 되어 버렸고 내 행복이 우선이 되어 버렸다.

더 이상 십계명은 하나님의 백성으로 지켜야 할 거룩한 법이 아닌 내가 필요할 때 지키고 상황에 따라 지키지 않는 법이 되어 버렸다. 음란 또한 기회가 없어서 하지 않는 것이지 상황과 기회에 따라 말씀을 외면하는 사람들이 많아지고 있다.

2) 음란에서 멀어지는 방법은 하나님과 가까워지는 것이다

음란에서 멀어지는 방법은 간단하다. 하나님과 가까워지는 것이다. 하나님과 가까워질수록 음란에서 멀어지게 된다. 그래서 말씀과 기도를 항상 가까이 해야 한다.

학생들이 수련회가 끝나면 은혜가 충만하다. 기도와 말씀으로 무장되어 있다. 하지만 1주가 지나가면 다시 그대로 돌아온다. 이런 모습을 보면서 어떤 사람들은 수련회를 굳이 해야 하냐고 묻는다.

하지만 우리가 명심해야 할 것이 있다. 오늘 받은 은혜는 오늘로 끝내야 한다는 것이다. 나는 수련회 마지막 날이 되면 아이들에게 오늘 받은 은혜는 오늘로 끝내고 그리고 내일부터 새롭게 주실 하나님의 은혜를 사모하자고 말한다. 우리가 은혜받고 그 은혜가 계속 지속되리라는 착각에서 벗어나자.

나: 목사님은 왜 기도하고 말씀 읽는 줄 아니?

친구들: 네? … 음 … 해야 하니까요?

나: 아니! 목사님이 기도와 말씀에 목숨 거는 이유는 그렇게 안 하면 내가 은혜로 살 수 없기 때문이야.

친구들: 아 ….

나: 목사님도 연약한 사람이라서 말씀과 기도를 멀리 하면 하나님이랑 상관없는 사람으로 변해 버린단다. 그래서 항상 하나님과 가까이 하려고 말씀, 기도 그리고 예배에 최선을 다하는 거야. 너희도 매일 하나님께서 주실 은혜를 기대하며 사모하자.

친구들: 네! 알겠습니다.

오늘 받은 은혜는 오늘로 끝내고 내일 주실 은혜를 사모해야 한다. 우리는 하나님과 가까워져야 한다. 하나님과 가까워지는 유일한 방법은 말씀, 기도, 예배, 교회에서 하는 양육 훈련이 있다.

목숨 걸고 참석하자!

3) 음란이 오는 마귀의 통로를 차단하라!

크리스천이라면 누구나 다 음란은 거룩하지 못한 것이라는 것을 안다. 그래서 음란에서 벗어나고자 한다. 하지만 많은 크리스천이 음란에서 벗어나지 못하고 있다.

그렇다면 왜 우리가 음란에서 벗어나지 못하는 줄 아는가?

이유는 간단하다. 우리가 음란이 오는 통로를 차단하지 않고 있기 때문이다. 음란이 오는 통로가 있다. 음란은 미디어라는 통로를 통해 온다. 우리가 자주 접하는 각종 SNS인 유튜브, 인스타그램, 웹툰, 기타 등등 모든 미디어에 음란이 스며들어 있다.

혹시 이렇게 말하는 학생이 있을지 모르겠다.

"목사님, 저는 야동을 보지 않습니다."

하지만 야동을 보지 않아도 미디어 곳곳에 음란이 스며들어 있다. 인스타그램만 봐도 "애인과 하룻밤 보낸 썰", "관계 중 남친이 이불 정리함" 같은 글들이 아무렇지도 않게 올라온다. 이렇게 너무나 자극적인 제목과 글들이 인스타그램 곳곳에 널려 있다. 우리가 그 글들을 읽을 때 음란의 영이 나를 옭아매는 것이다.

그렇다면 크리스천은 미디어를 하지 않아야 하는가?

당연히 해야 한다. 크리스천은 미디어를 해야 한다. 그래서 미디어를 하나님의 나라로 정복해야 한다. 좋은 콘텐츠를 만들어야 하고 하나님 나라의 영광을 위해 세상을 주도하는 미디어 문화를 만들어 가야 한다.

하지만 내가 현재 하는 미디어가 하나님께 영광이 되지 않는다면 거기서 당장 빠져나와야 한다. 그렇지 않다면 마귀는 계속해서 그것을 통해 당신의 영혼을 갉아먹을 것이다.

음란에서 자유하고 싶은가?

벗어나고 싶은가?

자위 행위를 이겨 내고 싶은가?

하나님께 영광이 되지 않는 미디어를 다 차단하라. 그리고 미디어를 할 때 반드시 기도하라.

'하나님! 미디어를 할 텐데 하나님의 기쁨이 되기를 원합니다.

저를 인도해 주세요.'

미디어에 무너지지 말고 승리하는 당신이 되길 바란다.

9. 크리스천의 성공은 무엇인가요?

당신은 '성공'이라는 단어의 뜻을 알고 있는가?

'내가 목적하는 바를 이뤘을 때' 성공이란 단어를 쓴다. 만약 내가 평소 수학 평균이 30점인데 기말고사 때 수학 시험을 60점 받겠다는 목표를 세웠다. 열심히 노력해서 시험을 쳤는데 시험 점수가 60점이 나왔다. 내가 목표했던 60점을 맞았기 때문에 "난 성공했다!"라고 말을 할 수 있다.

또 내가 좋아하는 사람에게 고백을 앞두고 있다.

'이 사람이 내 고백을 받아 줄까?'

두근거림 때문에 심장이 떨려 미칠 것만 같다. 어렵게 고백을 했는데 그 친구가 내 고백을 받아 주었다. 그럴 때 우리는 "고백에 성공했다"라고 말할 수 있다.

반대로 실패는 '내가 목적하는 바를 이루지 못했을 때' 실패했다고 말한다. 기말고사를 쳤는데 수학을 90점 받던 친구가 95점을 받고도 실패했다고 말할 수 있다. 왜냐하면, 그 친구의 목표는 100점이었기 때문이다.

만약 내가 다이어트를 해서 10킬로그램을 뺐다. 사람들은 확 달라진 내 모습을 보면서 "대박! 다이어트 성공했네!"라고 말하겠지만 내 목표는 15킬로그램이었기 때문에 실패라고 말할 수 있다.

사람들은 인생을 살면서 실패하기보다 성공하는 인생을 살기 원한다. 내가 원하는 대학에 진학하기 원한다. 내가 원하는 목표만큼 시험 점수를 받기 원한다. 우리는 늘 성공하는 사람이 되기 원한다. 그렇다면 당신에게 한 가지 묻고 싶은 질문이 있다.

1) 과연 성공한 인생이란 무엇인가?

당신은 성공한 인생이 무엇이라고 생각하는가?
예전에 100억 원대 재산을 가진 분의 집에 갈 기회가 있었다. 집에 가고 있는데 같이 가는 일행 한 분이 집에 도착하면 놀라지 말라고 했다. '도대체 집이 얼마나 크길래 이런 말을 하는 걸까?' 하는 생각이 들었다. 드디어 집에 도착했다. 나는 그 순간 집을 보고 놀라서 입이 다물어지지 않았다.
'TV에 나오는 재벌 집들을 보면 딱 이런 모양이었는데!'
집 안으로 들어서는 순간 또 한 번 놀라고 말았다. 넓은 정원과 함께 집 안에는 헬스장이 있었다. 내 꿈 중에 하나가 집에 홈짐(home gym)을 멋있게 설치하는 건데 너무 부러웠다. 그렇게 놀란 가슴을 진정하고 집으로 들어갔다.
집을 들어가니까 지금까지 한 번도 볼 수 없었던 대리석으로 만들어진 식탁과 품격 있는 의자와 테이블이 있었다. 외국에서 수입해서 들어온 것이라고 했다. 2층으로 올라갔는데 많은 방이 있었다. 여기서 숨바꼭질 해도 되겠다는 엉뚱한 생각이 들 정도였다. 이 집은 내가 이제까지 가본 집 중 최고의 집이었다.

많은 사람이 이 집에서 사는 분들을 향해 성공한 인생이라고 말했다. 으리으리한 집에서 외제 차를 여러 대 가지고 평생 일하지 않고도 먹고 살 수 있는 엄청난 돈을 가진 사람이 성공한 인생이 아니고 무엇이겠는가?

이처럼 세상은 성공한 인생을 한 가지로 정의한다. 얼마큼 돈을 많이 가지고 있는지 그것이 성공한 인생의 가장 중요한 기준임은 틀림이 없다.

예전에 고등학생 한 명이 자신의 꿈을 말한 적이 있다. 그 친구는 건물주가 되고 싶어 했다. 그래서 매달 놀고 있어도 돈이 들어오는 인생을 살고 싶다고 했다. TV를 보면 농구선수 출신 서장훈 선수가 건물주인데 사람들이 부러워하던 모습을 본 적이 있다. 많은 사람에게 성공한 인생의 기준은 내가 얼마큼 돈을 소유하고 있는가 하는 것이다. 나는 당신에게 한 가지 묻고 싶다.

그렇다면 크리스천의 성공 기준은 무엇일까?
성경에서는 어떤 사람을 성공한 인생이라고 말하고 있을까?
당신은 느헤미야를 아는가?

2) 크리스천의 성공 기준! 느헤미야

느헤미야는 남유다 사람으로 바벨론의 포로 출신이다. 그는 포로 출신임에도 바사 제국의 고위 관리로 임명된 인물이다. 성경은 느헤미야가 왕의 술 맡은 관원이라고 말한다. 그 당시 술 맡은 관원은 아주 중요한 자리였다.

고대 중동은 물이 상당히 귀했다. 식수의 안정적인 공급이 생존의 필수적인 요소였다. 부족한 물 대신 황무지에서 자란 포도과즙을 통해 발효된 와인이 수분 공급의 중요한 역할을 하고 있었다.

그리고 과즙이 발효된 와인은 알콜 성분으로 인해 오염된 식수를 살균하기도 하는 해독제 역할도 병행하고 있어 종종 혼탁한 물과 섞어 마시기도 했다.

끊임없이 암살 위협에 시달렸던 왕들은 안정적으로 물을 마시고 음료를 마실 수 있도록 가장 최측근을 술 맡은 관원으로 임명했다. 느헤미야가 왕의 술 맡은 관원장이 된 것은 그만큼 왕의 신뢰를 받고 있었다는 것이다.

술 맡은 관원이 왕의 원수들과 내통하게 되면 왕을 쉽게 암살할 수 있었다. 그래서 왕은 술 맡은 관원을 자신이 가장 믿을 수 있는 사람에게 맡겼다. 느헤미야는 왕의 총애를 받는 성공한 사람이었다.

그런데 느헤미야가 예루살렘으로부터 충격적인 소식을 듣게 된다. 예루살렘 성은 허물어지고 성문들은 불탔다는 소식이었다. 남유다 백성들은 바벨론에 포로로 끌려갔다가 70년 만에 예루살렘에 귀환했다.

많은 유대인이 큰 뜻을 품고 예루살렘으로 돌아왔지만 고국의 상황은 비참했다. 바벨론으로 잡혀 오지 않고 그곳에 남아 있던 소수의 유다 백성들은 이방 민족들에 의해 큰 환난과 능욕을 받고 있었다. 그리고 1, 2차에 걸쳐서 많은 유대인이 고국으로 귀환했지만 여전히 예루살렘 성과 성문들을 재건할 엄두를 내지 못하고 있었다.

그러자 이 소식을 들은 느헤미야는 울면서 슬퍼하며 하나님 앞에 금식하며 기도한다. 그리고 자신이 예루살렘으로 가기로 결심한다. 느헤미야를 보면 이 땅에서 크리스천의 성공 기준이 무엇인지 알 수 있다. 하나님의 마음을 가지고 순종하는 사람이 성공한 크리스천이다.

당신은 이 땅을 향해 하나님의 마음을 품고 있는가?
타락해 버린 이 땅을 향해 거룩한 분노를 느끼고 있는가?
그래서 이 땅에 하나님의 말씀이 이뤄지도록 노력하고 있는가?
하나님 앞에서 최선을 다하고 있는가?

느헤미야처럼 술 맡은 관원이 되라는 것이 아니다. 내가 속한 자리에서 하나님을 애타게 찾고 기도하고 하나님의 말씀을 따라 사는 사람이 성공한 크리스천이라는 것이다.

예전에 고등학교를 졸업하고 대학생이 된 제자가 나에게 찾아와서 말했다.

학생: 목사님. 대학생 되면 많이 놀 수 있을 줄 알았는데 오히려 더 바빠요.
나: 그래?
학생: 네, 아르바이트 해야 하죠, 과제 해야 하죠, 힘들어요.
나: 열심히 살고 있네! 힘내자.
학생: 아! 맞다. 목사님! 제가 대학교 올라와서 사람들한테 제일 많이 듣는 질문이 뭔지 아세요?
나: 음...뭐지? 대학 생활 어때요?
학생: 아니요! 어느 대학 다니냐는 질문을 제일 많이 들었어요.
나: 아~ 그랬구나.

대학생이 된 제자가 제일 많이 들었던 말이 '어느 대학 다니세요?'라는 질문이었다. 사람들은 이름 있는 대학을 다니기 원한다. 이름 있는 대학을 나와야 성공한 인생이 될 수 있다고 말한다. 이름 있는 대학을 나와야 좋은 회사에 취직도 할 수 있고 좋은 배우자도 만날 수 있다고 생각한다.

하지만 크리스천의 성공기준은 좋은 대학, 좋은 회사가 아니다. 크리스천의 성공 기준은 이 세상에서 하나님의 말씀에 순종하며 하나님께서 맡겨 주신 일을 잘 감당해 내는 것이다.

> 그런즉 너희는 먼저 그의 나라와 그의 의를 구하라. 그리하면 이 모든 것을 너희에게 더하시리라(마 6:33).

하나님께서 원하시는 성공기준은 내가 어디에 있든지 하나님의 말씀을 따라 살기 위해 최선을 다하는 사람이다. 크리스천의 성공기준은 내가 얼마큼 돈을 버는 것이 아니라 하나님의 나라와 의를 구하는 삶이다.

3) 나는 학교에서 어떤 사람인가?

지금 당신은 고등학교에서 어떤 사람인가?
다른 아이들과 똑같은 언어를 쓰며 똑같이 담배 피며 술 마시며 음담패설을 하기 좋아하는 사람인가?
아니면 철저하게 하나님의 말씀을 따라 살기를 원하는 사람인가?

학교 안에서 크리스천인 것을 숨기는 사람들이 많다. 왜냐하면, 이유는 하나다. 피곤하기 때문이다. 지켜야 할 말씀이 힘들고, 사람들의 시선이 부담스럽다. 나도 학교에서만큼은 편하게 살고 싶은 거다. 하지만 그것은 크리스천의 진짜 모습이 아님을 명심하자.

얼마 전 같이 사역하는 권사님 한 분이 고등학교를 갓 졸업한 학생에 대해 말씀해 주셨다. 그 학생은 내가 잘 아는 남학생인데 고2 때까지 교회 나오는 날보다 안 나오는 날이 더 많은 학생이었다. 그래서 항상 전화해서 늦잠 자지 말고 교회 오라고 연락하던 학생이었다.

그런데 그 학생이 은혜를 받고 너무 많이 변했다는 것이다. 권사님 말씀을 듣는데 고3 동계수련회 때 집회 시간에 맨 앞자리에 친구들과 함께 앉은 모습이 기억났다. 그리고 기도하는데 통곡을 하면서 가슴을 치며 땅을 치며 회개하는 친구의 모습이 기억났다.

그 이후로 이 친구가 집에서 완전히 다른 사람이 되었다고 말했다. 하루는 학교에서 돌아왔는데 집에 들어오자마자 앉아서 울면서 하나님께 회개 기도를 간절히 했다고 한다.

나중에 들어보니 학교에서 애들이 점심 시간에 야동을 틀었는데 그 친구가 야동을 보지 않기 위해 고개를 돌리긴 했지만 어쩔 수 없이 보게 되었다. 그런데 그것이 계속 마음에 걸렸다가 집에 와서 울면서 간절히 회개하며 기도했다는 것이다.

이제 알겠는가?

이것이 성공한 크리스천의 모습이다. 내가 있는 곳에서 하나님의 말씀을 따라 살기 위해 순종하며 나아 가는 것, 하나님을 소중하게 여기는 마음, 그래서 순종하고자 하는 마음을 가진 크리스천이 성공하는 크리스천이다.

당신은 성공한 크리스천인가?

지금 학교에서 학원에서 집에서 당신은 성공하고 있는가?

나는 아이들에게 너희들이 학교에서 하나님께 영광 올리는 것이 무엇인지 구체적으로 생각해서 실행에 옮기라고 말한다. 그러면 한 주 뒤 아이들이 와서 말한다.

"목사님. 제가 한 주 동안 욕을 참았습니다."

"분노할 수 있었는데 분노하지 않고 좋게 말했습니다."

"아이들이 선생님을 비난했는데 저는 그 자리를 피했습니다."

나는 그런 간증을 들을 때마다 참 감사하게 된다. 당신도 그런 사람이 될 수 있다. 지금부터 우리는 어느 자리에서든 성공한 크리스천이 되어야 한다. 구체적으로 내가 무엇을 해야 하나님께서 기뻐하실지 생각하라.

학교는 세상이다. 영적 전쟁터이다. 그곳에서 지지 마라. 오히려 학교를 하나님의 마음으로 변화시켜라. 당신은 할 수 있다. 하나님께서 당신과 함께 하신다.

10. 크리스천! 당신은 하나님 앞에서 정직한가요?

지금까지 내가 받은 선물 중 가장 기억에 남는 선물이 있다면 목사 안수 때 받은 선물이다. 목사 안수를 받고 드디어 목사가 되었을 때 나와 함께 제자 훈련을 하는 친구들이 깜짝 선물로 롤링 페이퍼를 줬다. 큰 하드보드지에 포스트잇으로 친구들의 마음을 담은 편지를 붙여 놓은 선물이었다.

나는 커다란 롤링 페이퍼를 들고 친구들과 함께 사진을 찍었다. 그리고 친구들과 함께 찍은 사진을 카카오톡 프로필에 오랫동안 올려놓았다. 나는 아이들에게 받은 롤링 페이퍼를 집으로 들고 와서 아내에게 자랑했다.

나: (롤링 페이퍼를 들이 밀며)여보, 이거 봐!

아내: 와~ 이게 뭐예요?

나: 응~ 이거 아이들이 나한테 준 거야.

아내: 우와~ 아이들 센스 있다..

나: 그러니까 … 근데 아내는 지금까지 가장 기억에 남는 선물이 뭐야?

아내: (곰곰이 생각하다) … 아! 당신한테 귀걸이를 선물 받았을 때야. 기억나요?

내가 아내에게 가장 기억나는 선물이 뭐냐고 물어봤을 때 아내는 귀걸이라고 말했다. 아내가 나에게 기억나느냐고 물어봤을 때 나는 식은땀이 주르륵 흘러내렸다. 왜냐하면, 아무리 머리 속을 파헤쳐 봐도 도저히 기억이 안 났기 때문이다. 나는 아내에게 조심스럽게 물어봤다.

나: (맞을 거 각오하고)아내! 혹시 내가 언제 사 줬어?

아내: 기억 안 나요?(아직까지 기분 안 나쁨) 오래된 일이라 기억 안 날 수도 있겠네. 대학교 1학년 때 길거리 가다가 노점상에서 귀걸이 사 줬는데 ….

나: 아, 그래?(기억 안 나지만 나는 척) 맞어, 맞어! 그때 내가 귀걸이 사 줬었지.

아내: 응, … 몇천 원짜리 귀걸이였지만 당신에게 처음으로 받은 선물이라 아직까지 가지고 있었어요.

나: 아, 그랬구나(식은 땀 계속 흐름 …).

아내: 그런데 그때 당신이 뭐라고 하면서 나에게 귀걸이 사 준 줄 알아요?

나: 어? … 내가 뭐라고 했지. …

아내: 여자한테 처음으로 주는 선물이라고 하면서 사 줬었어.

나: 와 로맨틱했네(속으로 안도함). …

1) 하나님께서 인정하시는 사람은?

나에게는 딸이 세 명 있다. 그중에서 막내 딸은 애교가 많다. 그런데 유일하게 나를 거부하는 것이 있는데 바로 뽀뽀다. 막내는 뽀뽀를 너무 아낀다. 그런데 막내가 갑자기 와서 다짜고짜 뽀뽀를 할 때가 있다. 그땐 나에게 뭔가 원하는 게 있어서다. 그래서 뽀뽀를 한다.

그러면 나는 못이기는 척 하고 받아 준다. 막내는 무엇을 해야 아빠가 좋아하는지 알고 있다. 이렇듯 상대방의 마음을 얻기 위해서는 상대방이 좋아하는 것이 무엇인지 알아야 한다.

그럼 거기에 맞춰서 행동하면 된다. 마찬가지로 크리스천은 하나님이 무엇을 좋아하시는지 알아야 한다.

명심하라!
하나님은 우리가 정직할 때 우리를 보고 기뻐하신다.
정직하다는 것이 무슨 뜻인가?
정직은 마음에 거짓이나 꾸밈이 없이 바르고 곧은 것을 뜻한다.
정직한 사람은 하나님께 인정을 받는다.
그렇다면 하나님 앞에 정직한 사람은 어떤 사람일까?

2) 25살에 왕이 된 히스기야

성경에 히스기야는 이스라엘이 두 나라로 갈라졌을 때 남유다의 왕이었다. 히스기야는 25살에 왕위에 올랐다. 그런데 히스기야가 왕위에 올랐을 때 남유다의 형편은 상당히 암울했다. 유다는 금방 망해도 이상하지 않을 정도였다.

사방에서 공격을 받았다. 아람과의 전쟁에서 패해 많은 백성이 노예로 잡혀 갔다. 동족 북이스라엘과의 전쟁에서 패해 12만 명의 병사들이 죽었으며 20만 명이나 되는 백성들이 포로로 잡혀갔다(다시 돌아옴). 에돔과 블레셋이 유다 성읍들을 침범해서 백성들을 사로잡고 성읍을 점령했다.

그래서 히스기야의 아버지 아하스가 앗수르에 도움을 구했는데 오히려 앗수르는 유다를 배신하고 공격했다. 말 그대로 진퇴양난이었다. 희망이 없었고 나라는 고립되어 언제 망해도 이상하지 않을 정도였다. 그런 상황에서 히스기야는 왕이 되었다.

그렇다면 히스기야가 도대체 무슨 일을 했기에 하나님께서 정직하다고 말씀하셨던 것일까?

3) 왕이 된 히스기야가 한 일은 무엇인가?

히스기야가 왕이 된 후 한 일은 크게 세 가지이다.

첫째, 히스기야는 산당을 제거했다.
산당은 이방인들이 신을 섬기는 곳이었는데 이스라엘 백성은 산당을 제거하지 않았다. 오히려 산당에서 하나님을 섬기기도 하고 이방 신을 섬기기도 했다.
산당은 하나님과 이방신을 함께 섬기는 혼합주의 신앙으로 하나님께서 보시기에 가증한 것이었다. 히스기야는 산당을 완전히 제거해 버렸다.

둘째, 히스기야는 아세라 목상을 찍어 없애 버렸다.
성경에 많이 등장하는 바알과 아세라는 가나안 땅의 대표적인 신들이었다. 하나님께서는 가나안 땅에 들어가기 전 이스라엘 백성에게 아세라 상을 불사르고 완전히 멸하라고 말씀하셨다.
하지만 이스라엘 백성은 그렇게 하지 않았고 오히려 바알과 아세라는 이스라엘 백성에게 뿌리 깊게 스며들었다. 히스기야는 왕이 되자 아세라 목상을 찍어 버렸다. 이것은 바알과 뿌리 깊게 연관된 이스라엘 백성들에게 이제 더 이상 바알과 아세라를 섬기지 말라는 히스기야의 의도가 담겨 있는 것이다.

셋째, 히스기야는 놋뱀을 부숴 버렸다.

놋뱀이 무엇인가?

이스라엘 백성이 광야에서 하나님을 원망할 때 불뱀이 나와서 이스라엘 백성을 물었다. 불뱀에 물려 죽어 가고 있을 때 모세가 놋뱀을 만들어서 그것을 쳐다보는 사람들은 다 치유를 받았다.

하지만 시간이 지나고 놋뱀은 우상이 되어 버렸다. 히스기야는 과감히 놋뱀을 부셔버렸다. 산당, 아세라, 놋뱀은 이스라엘이 끊기 힘든 악한 전통이었다. 히스기야는 이것을 제거한 것이다. 하나님께서는 그런 히스기야를 정직한 사람이라고 말씀하셨다.

히스기야를 봤을 때 나는 하나님 앞에서 정직한 사람인가?
그렇다면 현재 당신의 산당과 아세라와 놋뱀은 무엇인가?
즉 당신이 하나님보다 더 사랑하는 것들이 무엇인가?
게임인가, 유튜브인가, 인스타그램인가, 애인인가, 공부인가?

이미 당신은 답을 안다. 하지만 당신이 알고도 제거하지 않는다면 그것은 하나님 앞에 큰 죄악이라는 것을 명심하자. 성경을 보면 하나님께서는 히스기야가 어디로 가든지 형통케 하셨다.

형통케 되는 복을 받고 싶은가?

정직하게 행동하면 된다. 믿음의 자녀들은 선택해야 하는 순간이 온다. 하나님의 길을 따를 것인지 편하고 사람들이 좋아하는 길을 따를 것인지….

나는 이 글을 읽는 모두가 하나님 앞에서 정직한 사람이 되기를 바란다. 치열하게 악과 싸우며 하나님께 은혜를 구하는 자가 되기 바란다.

11. 크리스천! 당신의 정체성은 무엇인가요?

10대에게 가장 중요한 시기를 말하라면 나는 고 3이라고 대답하고 싶다. 고 3은 10대의 마지막을 보내는 시기이며 진학과 취업을 위해 열심히 공부하는 시기이다. 2학기가 지나고 고 3이 대학 원서를 넣을 때 내가 원하는 대학에 진학하기 위해 최선을 다해 준비한다.

1) 주일을 지키겠다고 선포한 아이들!

지금부터 할 이야기는 대학 원서를 넣는 동안 실제로 있었던 일이다. 고등학교 3학년 학생들이 수시 원서를 넣는다고 바쁜 한 주를 보내고 있을 때였다. 입시제도가 수시와 정시로 나뉘어져 있는데 그 당시 입시는 수시로 많은 학생이 들어갔다.

그런데 2명의 고등부 학생이 아주 중요한 결정을 했다. 수시 원서를 내는 학생들이었는데 주일날 수시 면접을 보는 학교에 원서를 내지 않겠다는 결단이었다.

왜 그 아이들은 이런 말도 안 되는 결정을 내렸던 것일까?

두 아이는 주일날은 하나님께 예배를 드리는 날이기 때문에 면접을 보러 가지 않겠다는 것이었다.

그 이야기를 듣고 나는 뭐라고 이야기를 해야 할지 많이 고민했다.

"그래도 그렇지!
 너네 평생에 한 번 있는 시기인데 주일날 교회 안 나와도 괜찮아. 저녁 예배 드려. 원서 넣고 면접 봐. 이때만큼은 하나님께서 이해해 주실 거야. 아무도 너네한테 면접 보니깐 고등부 예배 빠졌다고 뭐라고 할 사람들 없어. 다들 이해하실 거야. 잘 다녀와."

아니면 이렇게 말해야 할지 고민했다.
"너네 대단한 결정 내렸네! 하나님께서 기뻐하실 거야"
결국, 나는 두 아이들에게 이렇게 대답했다.
"하나님께서 기뻐하실 거다. 그리고 반드시 하나님께서 너희들의 의로운 마음을 기억하실 거다."
그리고 혼자서 울면서 기도했다.
'주님. 저 두 아이들의 마음을 어여쁘게 여기시고 두 아이들을 은혜로 인도해 주세요.'

당신은 두 아이의 선택에 어떤 마음이 드는가?
바보 같은 짓인가?
아니면 멋진 믿음이라고 생각하는가?

때로 바보 같은 선택이 우직한 믿음일 수 있음을 알아야 한다.
그렇다면 두 학생이 이런 선택을 할 수 있었던 이유는 무엇인가?

2) 올림픽을 포기한 에릭 리들

당신은 에릭 리들(1902-1945)을 아는가?

에릭 리들은 약 120년 전 1902년 중국 스코틀랜드 선교사 가정에서 태어났다. 에릭 리들은 어릴 때부터 육상에 탁월한 재능을 보였다. 그는 나중에 에딘버러대학에 입학한 뒤 본격적으로 육상 선수로 활동을 시작했다.

에릭 리들은 타고난 재능이 있었다. 그는 스코틀랜드와 영국의 단거리 육상대회를 모조리 휩쓸었다. 그 결과, 에릭 리들은 영국 대표로 올림픽에 출전하게 되었고 1924년 제8회 파리 올림픽 경기의 강력한 금메달 후보였다.

그러나 100미터 일정이 발표가 되면서 영국 전체가 혼란에 빠졌다. 에릭 리들이 100미터 경기 일정을 보고 출전을 포기한 것이다. 경기 일정이 주일이었기 때문에 독실한 크리스천이었던 에릭 리들은 예배를 드려야 하기 때문에 경기에 나설 수 없다는 것이었다.

에릭 리들의 100미터 포기 소식을 들은 영국의 반응은 어땠을까?

언론들은 에릭 리들을 조롱했다. 조국을 버린 위선자라며 비난했다. 영국 왕세자까지 나서서 에릭 리들이 100미터 경기에 출전하길 원했지만 에릭 리들의 선택을 돌릴 수 없었다.

과연 에릭 리들은 100미터 경기에 출전했을까, 출전하지 않았을까?

에릭 리들은 100미터 예선 경기가 열리던 날 교회에서 예배를 드렸다. 그는 경기장에 나가 동료 선수들을 격려하지도 않았으며 평소처럼 교회에서 모든 시간을 하나님께 드렸다.

그런데 여기서 끝이 아니었다. 에릭 리들은 자신의 주 종목이 아닌 400미터 달리기에도 출전했다. 사실 400미터는 다른 선수들의 들러리일 뿐이었다.

그렇게 예선이 시작되고 드디어 결승전 날이 밝아왔다. 경기가 시작되자 에릭 리들은 400미터 경기임에도 100미터를 달리듯이 치고 나갔다.

경기를 지켜보던 전문가들은 에릭이 저런 속도로 계속 나가다간 쓰러질 것이라고 예상했다. 그런데 놀랍게도 에릭 리들은 우승 후보들을 제치며 당당하게 세계 신기록을 세우며 금메달을 차지한 것이다. 400미터 우승 비결을 묻는 기자들에게 에릭 리들은 말했다.

"처음 200미터는 제 힘으로 최선을 다했습니다.
하지만 나머지 200미터는 주님의 도우심으로
빨리 달릴 수 있었습니다."

영국 영웅이 된 에릭 리들은 여기서 또 충격적인 선택을 한다. 올림픽 경기로 국가 영웅이 되었지만 하나님과 약속을 지키기 위해 모든 영광을 뒤로 한 채 중국으로 건너간 것이다.

그리고 아버지와 형의 뒤를 이어 중국 선교사가 된다. 그후 19년 동안 중국 선교사로 봉사하며 복음을 전했다. 그리고 제2차 세계대전이 끝나기 전 일본군 포로 수용소에 갇혀 지내다가 생을 마감했다.

3) 당신의 선택은?

얼마 전 축구를 하다가 잘못 넘어지는 바람에 손가락이 골절되어서 깁스를 한 남학생이 있었다. 오른손을 다쳤는데 문제는 기말고사가 며칠밖에 남지 않은 상황이었다. 깁스를 하지 않은 두 손가락으로만 시험을 쳐야 하는 데 쉽지 않아 보였다.

기말고사가 끝난 후 제자 훈련 때 함께 모여서 서로 기도 제목을 나누고 있을 때 그 친구 차례가 되었다.

친구: 저는 이번 한 주 마음이 어려웠습니다. 기말고사를 앞두고 손가락이 다쳐서 '시험을 잘 칠 수 있을까'하는 걱정이 있었습니다. 수학 문제를 오른손으로 풀면서 연습했지만 소용없었습니다. 펜이 손에서 쥐어지지 않습니다. 왼손으로도 해 봤지만 오른손만큼 되지 않았습니다. 혼자서 고민하고 있을 무렵 담임선생님께서 저를 부르셨습니다.

선생님께서는 저에게 기말고사 시험을 안 칠 수 있는 방법이 있는데 코로나 증상이 나타나면 중간고사 때 친 시험이 100퍼센트 들어 간다고 말했습니다. 저는 선생님의 말씀을 듣고 고민에 잠겼습니다. 왜냐하면, 저는 그 당시 중간고사를 제법 잘 쳐서 저에게 상당히 유리한 조건이었습니다. 그래서 제가 코로나 증상이 있다고 거짓말을 하면 기말고사를 치지 않고 중간고사 성적으로 기말고사를 끝낼 수 있었습니다.

하지만 저는 시험을 쳤습니다. 그러나 두 손가락으로 시험을 치는 것은 결코 쉽지 않았습니다. 수학 시험을 치는데 저는 엄청 당황했습니다. 객관식을 풀고 답안지에 마킹을 하려고 하는 데 마킹이 제대로 되지 않습니다. 1번에 마킹을 하는데 5번에 마킹이 되는 거예요. 마킹하는 데만 10분이 넘게 걸렸습니다. 마킹을 다하고 서술 문제를 보는데 제가 다 아는 문제였지만 시간이 부족해 풀지 못했습니다. 집에 와서 마음이 너무 힘들어서 하염없이 울기만 했습니다. 이제 많이 괜찮아졌습니다.

나: 지금 네가 하나님을 의식해서 거짓말하지 않으려고 했던 모습을 하나님께서 반드시 기억하실 거다. 넌 앞으로 커서 사회에서 더 중요한 선택을 해야 할 때 하나님께서 원하시는 선택을 할 수 있을 거야!

주일에 면접 볼 수 있다. 주일에 올림픽에 나갈 수 있다. 코로나 증상이라며 기말고사도 안 볼 수 있다. 하지만 우리는 주일에 면접을 보러 가지 않는다. 주일에 올림픽에 나갈 수 없다. 코로나 증상이라고 거짓말을 할 수 없다. 왜냐하면, 우리는 크리스천이기 때문이다.

크리스천은 하나님의 백성이라는 확실한 정체성을 가진 사람들이다. 하나님의 백성이라는 정체성이 흔들리면 삶도 흔들린다. 나는 당신이 어디에서든 하나님의 백성이라는 확실한 정체성을 가지고 당당하게 살아가는 사람이 되기 바란다.

우리가 학교에 있을 때에도, 학원에 있을 때에도, 밥을 먹을 때에도, 길거리를 걸어갈 때에도 하나님의 백성임을 잊지 말자.

우리가 이 땅에 존재하는 이유는 바로 하나님의 영광을 위해서임을 기억하자. 그럴 때 하나님께서 당신을 주목하실 것이며 당신을 사용하실 것이다.

12. 크리스천! 당신은 하나님을 경외하고 있나요?

나는 유튜브 보는 것을 좋아한다. 유튜브를 볼 때마다 느끼는 것이지만 참 많은 사람이 유튜브를 하고 있다. 그래서 유튜브 영상도 참 다양하다. 어린아이부터 할아버지, 할머니들까지 자신의 영상을 찍어 유튜브에 올린다.

나도 유튜브를 자주 보는 편인데 나는 '강아지들이 나오는 동영상'을 좋아한다. 진돗개가 나온 영상을 보면 저절로 입가에 웃음이 지어진다. 그런 나를 보며 아내는 "강아지 집에서 못 키워요"라고 말한다.

내가 아는 유튜버 중 감스트라는 유명한 유튜버가 있는데 게임 전문 유튜버이다. 감스트가 게임 영상 하나를 올리면 순식간에 조회 수가 올라간다. 조회 수는 수십만은 기본이며 100만 조회 수를 넘기는 영상들도 많이 있다.

이유가 무엇인가?

바로 재미있기 때문이다. 얼마 전 유튜브에 "가짜 사나이"라는 이름으로 올라온 영상이 있었는데 폭발적인 반응이 있었다. 유명 유튜버들이 UDT 훈련을 받는 모습을 찍은 영상인데 엄청난 인기를 끌었다. 나는 유튜브 조회 수가 단기간에 1,000만을 찍는 모습을 처음 보았다. 아이들은 너나 할 것 없이 가짜 사나이에 대해 이야기했다.

난 원래 김계란이 누구인지 몰랐다. 그런데 아이들이 만나면 김계란 이야기만 하는데 모를 수가 없었다. 나도 유튜브로 김계란을 검색해 알게 됐고 가짜 사나이 영상도 보게 됐다. 가짜 사나이 영상을 직접 보니 왜 사람들이 가짜 사나이에 열광하는지 알 수 있었다.

나도 유튜브를 했던 적이 있다. 처음 유튜브를 시작할 땐 원대한 마음을 품고 시작했다. 나에게는 성경을 나만의 시각으로 보고 쉽게 풀어 해석할 수 있는 좋은 콘텐츠들이 많이 있다고 생각했다. 처음 영상을 올릴 때 두근거리는 마음을 아직도 잊지 못한다.

조회 수가 10만이 넘으면 어떻게 하지?…

그런 말도 안 되는 상상을 하면서 즐겁게 영상을 올렸다. 하지만 영상을 5개 올리고 그만 뒀다. 처음 영상을 만들 때는 즐겁고 흥분되고 열심히 했는데 작업이 생각보다 너무 많았고 그에 비해 퀄리티 있는 영상이 안 만들어져서 속상했다. 뭐 더 솔직히 말하면 만든 영상에 비해 조회 수가 안 나왔기 때문이다.

1) 지금은 유튜브 시대!

지금은 유튜브 시대다. 예전엔 연애인이 주목 받았지만 이제는 영상을 올리는 일반인들이 주목을 받고 연애인이 받는 인기를 누릴 수 있는 시대가 되었다. 그래서 아이들도 나중에 커서 판사, 검사, 변호사, 의사 등 사자가 들어가는 직업보다 유튜버가 되고 싶다고 하니 그야말로 유튜브 시대인 것이다.

유튜브에 사람들이 재미있어 하는 영상을 올리면 인기 유튜버가 되고 부와 명성을 한꺼번에 얻을 수 있다.

그렇다면 유튜브에서 인기 유튜버가 되려면 어떻게 해야 할까?

사람들이 보고 싶어하는 영상을 만들면 된다. 얼마 전 유튜브 영상을 하나 봤는데 너무 재미있었다. 아이들이 있는 노래방에 레전드 가수들이 들어와 아이들 앞에서 가수가 아닌 척 노래를 부르는 영상이었다. 노래방에서 아이들이 레전드 가수들을 만나면 너나할 것 없이 보이는 반응이 있었다. 그 가수가 누군지 몰라서 어리둥절한 표정을 짓는 것이었다.

예전에는 한 시대를 풍미하는 가수들이었지만 세월이 흘러 나이가 들어 어린 친구들은 그 가수들이 누구인지 모르는 것이다. 그렇게 노래가 시작되고 레전드 가수의 노래를 들으면서 아이들은 너무 놀라 입이 다물어지지 않는다.

아이들이 놀라는 영상과 레전드 가수들의 미친듯한 가창력이 함께 어우러지며 영상을 보는 사람들로 하여금 감동과 재미를 한꺼번에 선사한다. 이렇듯 유튜브에서 인기 유튜버가 되려면 많은 사람이 찾는 영상을 만들 수 있어야 한다.

사람들은 재미있고 유익한 영상을 좋아한다. 그런데 당신이 알아야 할 사실이 있다. 사람들이 재미있는 영상을 찾듯이 하나님께서도 사람을 찾으신다.

그렇다면 하나님께서 찾으시는 사람은 누구일까?

재미있는 사람이나 젠틀한 사람일까?

많은 지식을 보유한 사람이나 돈이 많은 사람일까?

결론부터 말하자면 하나님께서는 하나님을 경외하는 사람을 찾으신다.

당신은 하나님을 경외하고 있는가?

2) 하나님을 경외한 두 명의 여인! 십브라, 부아

성경에 보면 두 명의 여인이 나온다. 바로 십브라와 부아이다. 십브라와 부아는 모세가 태어나기 전 이스라엘 민족의 산파였다. 산파는 아이 낳는 것을 돕고 임산부와 신생아가 건강할 수 있도록 돌보는 일을 했다.

지금은 산부인과에서 하는 일들을 산파들이 했었다. 그런데 성경은 두 명의 여인을 향해 하나님을 경외한 사람들이라고 말하고 있다.

도대체 그녀들은 어떤 일을 했기에 하나님을 경외하는 사람들이라고 평가받았던 것일까?

애굽 총리였던 요셉이 나이가 들어 죽었다. 그리고 요셉을 모르는 애굽의 새로운 바로가 세워졌다. 바로는 번성한 이스라엘(야곱) 자손들을 보면서 위기의식을 느꼈다. 인구가 폭발적으로 성장한 이스라엘 자손을 보면서 그들이 다른 민족과 함께 자신들을 친다면 영락없이 당하게 될 것이라는 위기의식이었다.

그래서 바로가 한 일이 힘든 노동을 시키는 것이었다. 힘든 일을 하면 이스라엘 인구가 더 이상 번성하지 못할 것이라고 생각했다. 하지만 바로의 뜻과는 다르게 이스라엘은 학대를 받을수록 더욱 번성해 나갔다.

그러자 바로가 다른 정책을 내놓는다. 이스라엘 산파였던 십브라와 부아를 불러 히브리 여인이 해산할 때 아들이면 죽이고 딸이면 살리라고 말했다.

십브라와 부아는 이스라엘 산파를 대표하는 사람들이었다. 그들이 바로의 명령을 다른 산파들에게 전달한다면 이스라엘 남자 아기들은 다 죽게 될 것이다. 절체절명의 상황이었다.

그렇다면 십브라와 부아의 선택은 과연 무엇이었을까?

십브라와 부아는 남자 아기를 죽이라는 바로의 명령을 거부했다. 그녀들은 남자 아기들을 죽일 수 없었다. 왜냐하면, 그녀들은 애굽의 통치자 바로보다 위대하신 하나님을 더 두려워했기 때문이다. 그리고 놀랍게도 성경은 그녀들이 하나님을 경외했다고 말하고 있다.

3) 하나님께서 찾으시는 사람은 누구인가?

얼마 전 제자 훈련 숙제 검사를 할 때였다.

나: 얘들아, 이번 주 숙제 다 해 왔니?!

학생들: 네!^^

나: 수고했어. 자~ 그럼 우리 함께 나눠 보자. 이번 한 주 동안 하나님을 의식하며 있었던 일을 말해 보자..

학생1: 목사님! 저 이번 한 주 학교에서 너무 힘들었어요.

나: 그랬어? 어떤 일이 있었어?

학생1: 학교에서 친구들이 점심시간에 유튜브 괴담을 계속 봐요.

나: 괴담?

학생1: 네, 요즘 유튜브에서 유행하는 무서운 이야기인데요. 친구들이 계속 그것만 봐요. 저는 괴담 무서워서 안 보고 싶은데 눈 감고 있으면 귀로 들려와요. 그래서 한 주 동안 너무 힘들었어요.

학생2: 목사님. 저도 요즘 그것 때문에 힘들어요. 그래서 저는 그럴 때마다 교실 밖으로 나갔어요.

나: 그랬구나. 다들 고생했네.

제자 훈련 때 아이들이 나에게 했던 말은 유튜브 괴담이었다. 점심시간에 친구들이 학교 TV로 유튜브를 보는데 괴담을 틀어 놓고 본다는 것이었다.

나는 아이들의 말을 듣고 괴담이 얼마나 무서운지 궁금해졌다. 그래서 유튜브에 들어가서 괴담을 검색했다. 나는 20초를 넘기지 못하고 유튜브를 껐다. 너무 무서웠기 때문이다.

자, 그렇다면 하나님을 두려워하는 것은 괴담을 보듯이 무서워하는 것일까?

아니다. 하나님을 두려워하는 것은 하나님을 마음속 깊이 경외하며 존경하는 것이다.

그렇다면 하나님을 경외하는 것은 무엇일까?

하나님을 경외하는 사람은 모든 삶에서 하나님을 의식하며 하나님의 말씀을 따르기 위해 목숨거는 자들이다. 하나님께서는 그런 사람을 찾고 계신다.

하나님의 말씀이라면 사자굴에도 들어갈 수 있는 사람, 금신상 앞에서 절하지 않을 수 있는 사람을 찾고 계신다.

하나님은 교회에서만 계시는 분이 아니시다. 하나님은 예배 때만, 수련회 때만 함께하는 분이 아니시다.

하나님은 당신의 삶의 모든 곳에 존재하신다. 학교 가기 위해 버스를 탈 때도, 공부하기 위해 책상 앞에 앉아 있을 때도 친구랑 재미있게 수다를 떨고 있을 때도 하나님은 늘 당신과 함께하신다.

우리 모두 하나님을 경외하자. 나는 이 글을 읽는 당신이 하나님을 경외해서 십브라와 부아처럼 나라를 살리는 데 쓰임 받기를 축복한다.

13. 크리스천은 왜 주일을 거룩히 지켜야 하나요?

　예전에 고등학교 2학년 남학생이 한 명 있었다. 부모님은 다른 교회를 다니셨고 그 학생은 집에서 가까운 우리 교회를 다녔다. 여름수련회를 계기로 제자 훈련을 받게 되었다. 당시 그 학생은 기숙사 학교를 다니고 있었는데 난 금요일이 되면 1시간이나 되는 거리를 차로 운전해 학교로 가서 태워 집으로 데려다 주곤 했다.
　여느 때처럼 제자 훈련을 하고 있었는데 그 학생이 머쓱한 표정으로 말했다.

　　학생: 목사님 … 저 … 주일날 못 올 것 같아요.
　　나: 엉? 왜 … 우리 그때 친구 초청 주일이잖아. …
　　학생: 네 … 저도 꼭 가고 싶은데 이번에 형이 몽골로 연수 떠나게 돼서 가족끼리
　　　　 제주도 여행 가게 됐어요.
　　나: 아? 그래? 그럼 어쩔 수 없지. …
　　학생: 네. 죄송합니다. …

　그 학생이 제자 훈련을 받고 있었는데 주일 예배를 나오지 못한다고 말했다. 가족과 함께 제주도로 여행을 가야 해서 주일 예배를 나올 수 없다고 말했다. 그 주간이 고등부 친구 초청 주일이었는데

그 학생이 못 온다는 소식에 너무 안타까웠지만 어쩔 수 없었다. 그 학생 형이 외국으로 일을 하러 가게 되어 가족이 함께 가는 여행이었기 때문이다.

그런데 토요일 저녁 카카오톡 하나가 왔다. 제주도에 가족과 함께 여행 간 학생이었다.

> 학생: 목사님! 안녕하세요?
> 나: 아! 그래 OO아. 제주도 잘 도착했어?
> 학생: 네! 그런데 목사님, 놀라지 마세요.
> 나: 응? 뭘?
> 학생: 저 지금 저녁 비행기로 집에 가고 있어요!
> 나: 정말이야? 멋진데!
> 학생: 내일 뵙겠습니다.
> 나: 그래! 조심히 오렴.

그 학생은 친구 한 명을 데리고 주일 예배에 참석했다. 나는 너무 궁금했다. 학생 혼자 우리 교회를 다니고 있어서 어떻게 부모님을 설득했는지 궁금했다.

그 학생이 아버지께 "교회 가야 하니까 저녁에 먼저 비행기 타고 가겠습니다"라고 말했을 때 아버지께서는 "가족 여행인데 너 혼자 꼭 그렇게 신앙 있는 척 티를 내야겠니?"라며 짜증을 내셨다고 한다.

그 학생은 그 말을 듣고 너무 서러워서 샤워를 하면서 혼자 울었다고 했다. 하지만 포기하지 않고 끈질긴 요구 끝에 아버지의 허락을 받고 저녁 비행기를 타고 집으로 돌아온 것이다.

누군가는 이 학생의 믿음을 보면서 "대단하다"고 말할지 모른다. 하지만 나는 대단한 것이 아니라 하나님의 백성으로 당연히 지켜야 할 기본이라고 말하고 싶다. 당신의 약속과 스케줄 보다 더 우선 되어야 하는 것이 교회에서 드리는 주일 예배임을 기억하자.

주일 예배를 가볍게 여기는 것은 곧 하나님을 가볍게 여기는 행동임을 기억하라. 우리는 주일날 교회에서 드리는 예배에 최선을 다해 드려야 한다. 주일 예배는 구원받은 하나님의 백성이 꼭 지켜야 할 하나님의 계명이기 때문이다.

그러나 요즘 현실을 보면 안식일을 거룩히 지키라는 하나님의 말씀이 무색해져 버린 것 같다. 주일날 교회에서 드리는 예배를 너무 가볍게 생각하는 것이 지금의 현실이다. 하나님께서는 모세에게 십계명을 주셨다. 십계명은 하나님의 백성들이 평생을 지켜야 할 하나님의 말씀이다. 예수님께서는 십계명을 어떻게 지켜야 하는지 말씀하셨다.

> 예수께서 이르시되 네 마음을 다하고 목숨을 다하고 뜻을 다하여 주 너의 하나님을 사랑하라 하셨으니 이것이 크고 첫째 되는 계명이요 둘째도 그와 같으니 네 이웃을 네 자신 같이 사랑하라 하셨으니(마 22:37-39).

예수님께서는 십계명을 하나님의 사랑으로 지킬 수 있다고 말씀하셨다. 하나님을 사랑하면 하나님 외에 다른 신을 섬길 수 없고, 하나님의 이름을 함부로 말하지 않으며 우상 숭배를 할 수 없으며 부모님께 효도하게 되며, 간음을 멀리하게 되며, 살인하지 않게 되며, 도둑질하지 않게 되며 거짓말하지 않으며 이웃의 것을 탐내지 않는다.

당신은 사랑에 빠져 본 적이 있는가?

내가 만약 사랑에 빠졌다면 사랑하는 사람이 싫어하는 짓을 할 수 있겠는가?

당연히 하지 않을 것이다. 왜냐하면, 내가 사랑하는 연인이 싫어하기 때문이다. 이와 마찬가지로 우리가 하나님을 사랑하면 하나님의 말씀을 안 지킬래야 안 지킬 수가 없다. 하나님을 사랑하는 마음으로 하나님의 말씀을 듣고 지키는 것이다.

그런데 한 가지 안타까운 것은 십계명에 9가지 계명을 지키지 않는 것은 다 큰 죄악이라고 말하면서도 정작 네 번째 계명인 안식일을 거룩히 지키는 것은 너무나 가볍게 생각한다. 내 약속과 일정에 따라 예배는 드리지 않아도 되는 것으로 착각하고 있다.

나는 주일 예배를 가볍게 생각하는 성도들의 현실을 생각할 때 두려운 마음이 든다. 왜냐하면, 주일을 거룩하게 지키지 않는 것은 하나님을 무시하는 것이며 큰 죄악이기 때문이다.

그렇다면 주일을 거룩히 지킨다는 것은 무엇일까?

1) 주일은 내가 쉬는 날이 아니라 하나님께 예배 드리는 날임을 기억하라

주일은 일주일에 한번 쉬는 날이 아니다. 주일은 하나님께 거룩히 예배 드리는 날임을 기억해야 한다. 많은 사람이 주일을 하나님께 예배 드리는 날로 생각하지 않고 자신이 쉬는 날로 생각한다. 그래서 예배만 드리고 여행을 가거나 약속을 잡고 여가생활을 즐긴다. 때로는 예배시간도 뒤로 하고 자신의 일을 먼저 한다.

이것은 하나님 백성으로 제대로 된 자세가 아니다. 더욱이 청소년들은 시험 기간이 되면 주일날 교회에서 사라진다. 이것은 하나님 앞에서 옳지 못한 행동이다. 예배는 목숨 걸고 지키는 것인데 내 환경과 편의에 따라 시간을 바꾸거나 드리지 않는 것은 하나님 앞에 올바른 예배가 아님을 기억하라.

2) 주일날 당신이 등록한 교회 예배 시간에 맞춰 예배 드려라

주일을 거룩히 지킨다는 것은 내가 다니고 있는 교회 예배 시간에 맞춰 교회에 와서 예배를 드리는 것이다. 예배 시간을 당신의 일정에 맞추지 마라. 당신이 예배 일정에 맞춰야 한다.
예전에 친구 한 명이 나에게 이런 질문을 했다.

학생: 목사님! 주일날 사촌 결혼식이 있습니다.
　　　그럼 가지 말고 예배 드려야 하나요?
나: 친구야! 뭐가 정답일 것 같니? 당연히 예배 드리러 와야지!
학생: 아~
나: 대신 사촌에게는 정중히 양해를 구하고 평일이나 다른 날 축하 인사를 하렴!
학생: 아~ 알겠습니다.

예배를 목숨보다 귀하게 생각하고 지키는 우리가 되어야 한다. 하나님께서는 하나님께 목숨 거는 거는 자들을 절대로 망하게 내버려 두지 않으신다.

3) 주일날 공부해도 되나요?

학생 한 명이 고민이 있다며 연락을 했다.

    학생: 목사님! 저 고민이 하나 있어요.
    나: 그래! 말해 보렴.
    학생: 네. 목사님. 저 주일날 공부하러 가도 될까요?
    나: 공부?
    학생: 네 … 학원 보강을 해야 하는데 선생님이 주일 밖에 시간이 없다고 하셔요.
    나: 그래? … 흠 … 어떻게 하는 게 좋을까?

이 학생이 나에게 연락을 했던 이유는 주일날 학원 보강을 하러 가도 되는지 궁금해서 연락했던 것이다. 이 학생은 주일날은 학원에 전혀 가지 않고 신앙생활을 열심히 하던 학생이었는데 새로 등록한 학원에서 실력을 늘리기 위해 보강을 해야 한다고 말했고 선생님이 가능했던 시간이 주일밖에 없어서 고민하고 있었다.

나는 이 학생에게 다시 말했다.

    나: 친구야! 목사님은 공부도 신앙생활의 연장선이라고 생각해! 그래서 목사님은 네가 주일날 열심히 공부하는 것도 하나님께 영광 올려 드리는 거라 생각한다.
    학생: 아! … 네, 목사님.
    나: 그런데 만약 네가 공부하는 것 때문에 예배가 늦어지고 양육을 받지 못하고 방해가 된다면 그 학원은 안 다니는 게 좋을 것 같아.
    학생: 아! … 네! 목사님, 감사합니다!

난 주일날 공부하는 것도 괜찮다고 생각한다. 하지만 만약 공부 때문에 예배를 못 드리게 되고 찬양팀에서 빠지고 제자 훈련을 쉰다면 그것은 잘못된 것이다.

공부는 하나님의 영광을 위해 내가 열심히 하는 수단이지 공부 자체가 목적이 되어서는 안 된다. 공부를 예배와 바꾸지 마라.

주일날 예배 드리는 시간을 가장 소중히 여겨라. 당신이 공부 핑계로 학원 핑계로 예배 빠지는 것을 밥 먹듯이 한다면 예수님께서도 당신을 하나님 앞에서 모르는 사람이라고 말할 것이다.

당신은 현재 어떤 태도로 예배에 임하고 있는가?

4) 코로나 19 시대 우리는 어떤 자세로 예배에 임해야 하는가?

코로나 19로 인해 많은 청소년이 교회에서 예배를 드리지 못하고 있다. 나도 매주 학교 앞에 가서 예배 때 보지 못한 학생들을 만나서 예배에 다시 참석할 것을 권면한다. 여러 학생들이 이렇게 말한다.

학생1: 목사님! 코로나 19 때문에 끝나면 가겠습니다.
학생2: 목사님! 부모님이 가지 말라고 해서 잠잠해지면 가겠습니다.
학생3: 부모님 회사에서 가지 말라고 해서 한동안 못 갑니다. 어쩔 수 없어요.
학생4: 뉴스 보니까 교회 가서 코로나 걸리던데 그것이 더 하나님의 영광을 가로막는 거 아닌가요?
학생5: 저는 온라인으로 예배 드리겠습니다.

나는 코로나 19를 겪고 있는 청소년들에게 꼭 묻고 싶은 질문이 한 가지 있다.

당신은 코로나 19로 현장 예배를 못 드리는 것에 마음 아파하며 하나님께 부르짖고 있는가?

하나님을 향한 당신의 진심이 뭔지 확인해 보라.

예배를 향한 당신의 진심이 뭔지 확인해 보라.

그렇다면 코로나 19 시대에 하나님께 어떻게 예배 드려야 하는 것이 정답일까?

코로나 19에 움츠러들지 말고 당신이 다니는 교회의 예배와 양육 훈련에 열심히 참석하자. 교회에서 현장 예배를 드린다면 무서워하지 말고 참석하자. 교회에서 하는 양육 훈련이 있다면 적극적으로 참석하자.

대구에서 코로나 19 확진자가 많아졌을 때 솔직히 많이 두려웠다. 매일 전국에 코로나 19 확진자가 많아질수록 내 가슴은 불안과 두려움으로 요동쳤다.

그때 신용기 담임목사님께서 이렇게 말씀하셨다.

"크리스천은 이럴 때일수록 두려워하지 말고 더욱더 하나님께 기도해야 한다."

"질병을 두려워하지 말자!"

나는 담임목사님의 말씀을 듣고 머리에 망치를 한 대 얻어맞은 기분이 들었다.

"그래! 이럴 때일수록 더 기도해야 해. 더 하나님만 바라봐야 해. 기도하자!

김맥. 지금은 나라를 위해 기도할 때야!"

속으로 다짐하고 또 다짐했다. 나는 담임목사님의 말씀을 듣고 평소에 하던 기도 시간을 2배로 늘렸다. 아침, 저녁으로 매일 하나님께 간절히 부르짖었다. 대한민국을 지켜 달라고, 교회를 지켜 달라고, 가족들을 지켜 달라고 간절히 기도했다.

코로나 19는 나에게 새로운 변화의 계기가 되었다. 먼저 나는 코로나 19 속에서도 그 어떤 때보다 하나님을 깊이 만날 수 있었다. 이전보다 하나님을 더 사랑하고 더 의지하게 되었다.

그리고 코로나 19 때 많은 책을 읽을 수 있었고 나도 책을 쓰게 되었다. 나에게는 크리스천 에세이 작가라는 새로운 꿈이 생겼고 지금도 계속해서 글을 쓰고 있다. 코로나 19를 두려워하지 말자. 코로나 19 속에서도 하나님께서는 일하신다. 두 무릎으로 승부 보는 당신이 되길 바란다.

14. 크리스천은 하나님 뜻! 어떻게 알 수 있나요?

 나는 현재 14년째 청소년 사역을 하고 있다. 그런데 내가 청소년 사역을 처음 시작하게 된 계기는 내 의지와는 전혀 상관없이 시작하게 되었다.
 나는 23살이 되었을 때 첫 사역을 나가게 되었다. 기도하는 가운데 사역을 나가야겠다는 강한 마음이 들었고 가족과 충분한 상의 끝에 전도사로 나가기로 마음먹은 것이다.
 하지만 23살 신학생이 지원할 수 있는 교회는 그렇게 많지 않았다. 여러 교회를 물색한 끝에 부산에 있는 교회 두 곳에 지원을 했다. 나는 사역지를 지원할 때 한 가지 조건이 있었다. 청소년부는 절대 맡지 않는다는 것이었다.
 내가 이런 생각을 하게 된 이유는 중등부 교사를 22살에 1년 동안 하게 됐는데 너무 힘들었기 때문이다. 처음 중등부 교사를 했을 때 나름 자신이 있었다. 신학생이었고 무엇보다 2년 동안 교사로 초등학생(1, 2학년)들을 잘 가르친 경험이 있었기에 충분히 감당할 수 있을 거라 생각했다.
 그러나 난 중2병의 위력을 제대로 알지 못했다. 중2 교사가 되고 나서야 중학생들은 '인간이 아니구나'라는 말이 너무 절실히 깊게 다가왔다.

그렇게 1년을 어렵게 중등부 교사로 보내고 난 후 절대로 청소년부는 맡지 않으리라 생각하고 초등부 사역자를 뽑는 교회에 지원했던 것이다.

그렇게 나는 23살의 어린 나이에 유초등부 전도사로 사역하게 됐다. 나는 아직도 처음 부임한 교회에 갔을 때 나의 마음가짐을 잊을 수 없다. 정말 열심히 전도하고 복음을 전하리라고 다짐하며 또 다짐하던 23살 젊은 시절이었다. 많이 풋풋했고 간절했고 열정이 있었다.

그런데 나의 그런 풋풋함과 간절함과 열정은 2주 만에 와장창 깨지고 말았다. 왜냐하면, 2주 만에 청소년부 사역자와 유초등부 사역자가 바뀌었기 때문이다.

도대체 어떤 일이 있었던 것일까?

그 교회에는 총 3명의 교역자가 있었다. 담임목사님과 2명의 전도사님(나 포함)이었다. 그런데 전도사님 한 분은 나이가 많으신 분이셨다. 그 당시 정확한 나이는 기억이 나지 않지만 태권도 관장을 하시다가 일을 다 정리하시고 사역의 길로 오셨는데 50대 초반이셨다. 장로님 한 분이 교회 부임한 지 1주가 지났을 때 나를 찾아오셨다.

장로님: 아~ 전도사님, 안녕하세요!

나: 네, 장로님! 안녕하십니까?

장로님: 우리 교회에 오신 것을 환영합니다.

나: 저도 감사합니다^^

장로님: 전도사님, 지금 청소년부 전도사님이 나이가 많으셔서 제 생각엔 전도사님이 청소년부 학생들과 코드가 더 잘 맞을 것 같습니다.

나: 네?(당황) 아닙니다. 저는 유초등부가 더 좋습니다.

장로님: 잠깐만 기다려 보세요. 담임목사님께 말씀드려 보겠습니다.
나: 네? 장로님 … 전 유초등부에 있고 싶습니다.

이렇게 대화는 끝났고 '아무리 그래도 부서가 바뀔 수 있겠냐' 하는 마음으로 장로님과의 대화를 잊어 버렸다.
그런데 2주 뒤 담임목사님의 갑작스러운 발표가 있었다.
"앞으로 김맥 전도사님이 청소년부를 맡게 되었습니다."
내가 청소년부 담당자가 되었고 나이 많은 전도사님께서 유초등부 담당자로 변경된 것이다. 청소년부 안 가려고 유초등부 사역자 뽑는 곳만 지원했는데 2주 만에 청소년부 사역자가 되다니….
절대 청소년부는 하지 않겠다고 마음먹었었기에 지금까지 14년째 청소년 사역을 해 오고 있는 것이 참 신기하고 놀라울 따름이다.
다시 예전으로 돌아가서 그 당시 2주 만에 청소년부로 담당이 바뀌었을 때 너무 두려웠다. 나랑 몇 살 차이 나지 않는 아이들을 어떻게 지도해야 할지 막막했다.
그렇게 1년을 헤맸다. 1년 뒤 결과는 참담했다. 선생님 절반이 그만둔다고 하셨고 아이들과의 관계는 많이 멀어져 있었다. 너무 힘들었다. 공동체에 관계가 깨지면 정말 고통스럽고 힘들다. 나는 그 경험을 첫해에 뼈저리게 경험했다. 나는 그럴수록 지금의 상황이 너무 불만스러웠고 하나님이 미워졌다.
"하나님!
저는 유초등부를 지원했는데 … 왜 청소년부로 보내신 겁니까?"
"왜 이렇게 저를 힘들게 하십니까?"

그때 당시 난 정말 심각했다. 눈앞에 먹구름으로 가득해 아무것도 보이지 않았고 사역을 그만두고 싶었다. 하지만 나는 사역을 그만두기보다 나 자신이 변해 보자고 생각을 고쳐먹었다.

그 후 청소년 사역자들이 쓴 책을 사서 읽고 존 맥스웰의 리더십 책들을 읽으면서 점점 나 자신을 발전시켜 나갔다. 참 놀라운 것은 내가 변하니 공동체가 변하는 것을 볼 수 있었다. 아이들과 선생님들과 관계를 회복했으며 공동체는 아름답게 변해 갔다.

그런데 지금 생각해 보면 모든 것이 다 하나님의 은혜였고 인도하심이었음을 확신한다. 그때 당시 2주 만에 청소년부로 올라간 나를 보면서 '하나님! 왜 이러십니까?' 참 많이도 원망했지만 그것이 하나님의 인도하심이었다는 것을 이제는 아는 것이다.

우리는 문제가 생기거나 어떤 결정을 내려야 할 때 무엇이 옳고 그른 것인지 내가 어떤 결정을 하는 것이 하나님께서 원하시는 것인지 알기 원한다. 그래서 나를 향한 하나님의 계획하심이 무엇인지를 알기 원한다. 2주 만에 유초등부에서 청소년부로 바뀌었을 때 나는 하나님께 이렇게 기도했다.

나: 하나님! 도대체 제가 무슨 잘못을 저질렀기에 이렇게 된 겁니까?
하나님: …….
나: 하나님! 저 청소년부 못한다고 했잖아요. 그런데 왜 이렇게 된 거죠?
하나님: …….
나: 도대체 하나님의 뜻은 무엇입니까? 답답합니다. 하나님!
하나님: …….

나는 왜 유초등부에서 청소년부로 바뀌었는지 알기를 원했다. 그래서 하나님께 이유가 뭔지 가르쳐 달라고 간절히 기도했다. 하지만 하나님은 침묵하셨다. 부서가 바뀌어서 해피엔딩으로 끝났으면 괜찮은데 1년 동안 나는 실수투성이에 모자란 것이 너무 많았다. 나는 더 의문이 들었다. 그나마 내가 자신 있었던 부서에서 할 수 있었으면 잘할 수 있었을 텐데 하는 마음에 더 아쉽고 마음이 힘들었다.

그런데 이것은 꼭 나만의 어려움과 문제가 아니다. 나 외에 다른 사람들도 현재 자신의 눈앞에 놓인 문제 앞에 어떻게 해야 할지 몰라 고민하며 힘들어한다. 무엇이 나에게 최선의 선택인지, 하나님의 뜻이 무엇인지 알기를 원하지만 하나님은 여전히 침묵하시는 것 같다.

그렇다면 우리는 도대체 하나님의 뜻을 어떻게 알 수 있는가?

1) 하나님께서는 자기 백성을 향한 특별한 계획하심이 있음을 기억하라!

나처럼 2주 만에 담당 부서가 바뀔지 전혀 몰랐을 때처럼 우리에게는 전혀 생각하지 못한 일을 겪을 때가 있다. 현재 이 글을 읽는 분 중에 무엇이 하나님의 뜻인지 어떤 선택을 해야 하는지 고민하며 갈등하고 있는 분들도 있을 것이다.

그리고 그런 내 자신이 답답할 때가 한두 번이 아닐 때가 있다. 그러나 이것 하나만큼은 반드시 기억하자. 하나님께서는 당신을 향한 특별한 계획하심이 있다.

절대 청소년 사역을 하지 않을 거라던 내가 14년째 청소년 사역을 하면서 글을 쓸 줄 어떻게 알았겠는가?

현재 어렵고 힘들지만 우리가 알 수 없는 하나님의 계획하심과 인도하심이 있음을 믿고 담대하게 나아 가자. 하나님께서는 하나님을 따르는 자들을 절대로 망하게 내버려 두지 않으신다. 오히려 당신을 하나님의 귀한 도구로 사용하기 위해 준비시키는 과정이다.

하나님께서 아브라함에게 이삭을 바치라고 했을 때 아브라함은 군말 없이 말씀에 순종한다. 그는 원망하지 않았다. 오히려 묵묵히 자신의 일을 한다. 이삭을 잡고 죽이려고 할 때 하나님께서 아브라함을 부르신다. 하나님께서 아브라함의 믿음을 인정하신 것이다.

그렇다면 아브라함에게 이삭은 소중한 존재가 아니었을까?

아니다. 아브라함에게 이삭은 생명 그 이상의 존재였다. 그럼에도 아브라함은 하나님께 어떤 불만도 말하지 않고 묵묵히 순종했다.

도대체 그 이유가 무엇일까?

> 그가 하나님이 능히 이삭을 죽은 자 가운데서 다시 살리실 줄로 생각한지라 비유컨대 그를 죽은 자 가운데서 도로 받은 것이니라(히 11:19).

이 얼마나 놀라운 믿음인가?

아브라함은 자신이 이삭을 죽여도 하나님께서 능히 살리실 줄로 생각했다. 그는 이삭을 통해 자손을 많게 하실 것이라는 약속의 말씀을 믿었다. 아브라함은 약속을 믿었기에 하나님께서 터무니없는 요구를 하셔도 신실하신 하나님의 뜻이 있음을 믿었던 것이다.

우리도 지금 상황이 이해가 안되고 화가 나고 절망이 찾아오고 좌절이 찾아올 것 같더라도 신실하신 하나님만 믿으며 나아 가자. 하나님께서 우리와 함께하신다.

2) 하나님의 뜻이 이루어지도록 기도하라!

우리가 전혀 생각하지 못하는 일을 겪었을 때 해야 할 일은 해결책을 찾는 것이 먼저가 아니다. 기도하는 것이 제일 먼저임을 기억하자. 나는 학생들에게 기도에 대해 이야기할 때 꼭 해 주는 말이 있다.

나: 얘들아, 너희에게 어렵고 힘든 일이 생겼을 때 제일 먼저 하는 게 뭐야?

학생1: 저는 엄마한테 전화합니다.

학생2: 우선 욕부터 하고 시작합니다.

학생3: 멍 때리고 있다가 친구한테 전화합니다.

학생4: 모르겠는데요.

나: 얘들아, 힘들고 어려울 때 제일 먼저 우리가 해야 할 일이 있어! 기도해야 해!

학생들: 기도여?

나: 그래. 기도. 우리가 기도할 때 하나님께서는 우리의 기도를 들으시고 반응하신단다. 목사님도 어렵고 힘든 일이 생기면 제일 먼저 하나님께 간절히 기도한단다. 그럼 언제까지 기도해야 할까?

학생들: 음... 모르겠어요.

나: 목사님은 어렵고 힘든 일이 있을 때 평안한 마음이 들 때까지 끈질기게 기도해. 그 문제를 놓고 계속 기도한단다. 너희도 어렵고 힘든 일이 있을 때 한두 번 기도하고 멈추지 말고 하나님의 뜻이 있음을 믿고 간절히 기도하자.

학생들: 네, 목사님!

나: 그래 오늘부터 하루에 기도 15분 이상씩 할 수 있지?

학생들: 네?..........

어렵고 힘든 일이 생겼을 때 함께 기도하자. 한두 번 하고 멈추지 말고 간절하게 끈질기게 기도하자. 우리 눈에 아무것도 보이지 않더라도 기도하자. 보이지 않아도 믿는 것이 진짜 믿음이다. 내 마음에 평안한 마음이 들 때까지 끈질기게 기도하자. 우리가 기도할 때 하나님께서 일하신다. 다 함께 기도의 자리로 나아 가자.

3) '하나님께서 어떻게 생각하실까'를 제일 먼저 생각하자!

보통 나에게 문제가 생겼을 때 내가 대처하는 가장 좋은 방법은 하나님의 말씀을 기준으로 대처하는 것이 가장 좋은 방법이다. 예를 들어 친한 친구랑 갈등이 생겼다.

나: ○○야~ 와! 오늘 네가 입은 옷 너무 잘 어울린다!
친구: 와, 정말? 고마워!(기분 좋음)
나: 응, 거짓말이야. 네가 원피스 입는다고 공주가 되는 건 아니잖어!
친구: 뭐? 너 말 다 했냐? 지금?

나는 친구의 건드리지 말아야 할 부분을 건드리고 말았다. 평소 같으면 장난도 잘 받아 주는데 이번에는 친구가 단단히 화가 났다. 나는 친구가 화낼 거라고 전혀 생각하지 못했다. 그래서 이 상황이 당황스럽고 어떻게 해야 할지 모르겠다. 여기서 나에게는 여러 선택권이 있다.

첫째, 그대로 친구와 연락을 끊는 것이다.
"뭐 친구가 너만 있는 줄 아냐?"
"나도 연락 안 해!"
이렇게 관계를 끊는 것이다.

둘째, 친구의 마음이 상했음을 알고 진심으로 사과하는 것이다.
"OO아 … 미안해. 네 마음도 모르고 나를 용서해 줘 …."
자, 여기서 우리는 첫 번째를 선택할 수도 있고 두 번째를 선택할 수도 있다. 이때 우리는 무엇인가를 선택하기 전에 먼저 생각할 것이 있다.

'하나님께서 이 상황을 어떻게 바라보실까?'
그렇다면 답은 이미 나와있다. 이웃을 네 몸과 같이 사랑하라고 하신 예수님의 말씀에 근거해서 나는 두 번째 선택을 해야 한다. 친구에게 가서 친구 화가 풀릴 때까지 용서를 구해야 한다.
이렇듯 우리는 문제가 생겼을 때 먼저 생각하자.
'하나님께서 어떻게 생각하실까?'
'말씀에서는 이 상황 때 믿음의 사람들이 어떻게 행동했을까?'
그리고 말씀에 순종하는 것이다.
지금 당신이 겪고 있는 문제가 있다면 하나님의 말씀 속에서 답을 찾아라. 말씀 속에서 답을 찾았다면 순종의 첫 발걸음을 옮겨라. 당신이 말씀에 순종해서 믿음으로 첫 발걸음을 옮길 때 하나님께서 길을 열어 가신다.

15. 크리스천! 우리를 산 제물로 어떻게 드리나요?

옥시모론이 무엇인지 알고 있는가?
의미상 서로 양립될 수 없는 말을 함께 사용할 때 옥시모론이라고 말한다. 얼마 전 TV를 보는데 예능프로그램 중 〈맛있는 녀석들〉을 본 적이 있다. 4명의 덩치 큰 개그맨들이 나와서 맛집을 찾아다니며 음식을 먹는 프로그램이었다.

개그맨들이 음식을 너무 맛있게 먹는 모습을 보면서 나도 음식을 시켜 먹고 싶은 충동을 느꼈다. 개그맨들이 음식을 주문하고 기다리던 음식이 나왔을 때 그중 한 명이 이런 말을 했다.

"제 배 속에서 즐거운 비명 소리가 들리네요."

여기서 옥시모론이 사용된 말이 있다. 바로 '즐거운 비명 소리'이다. 그렇다면 '즐거운 비명 소리'가 왜 옥시모론을 사용한 말인지 살펴보자.

먼저 '비명 소리'의 뜻이 무엇인지 찾아보면 내가 몹시 놀라거나 위험하고 괴롭고 다급한 일을 당했을 때 외치는 소리가 '비명 소리'이다. 그런데 '비명 소리' 앞에 수식어가 하나 붙어 있다. '즐거운'이라는 수식어이다.

생각해 보라. 비명 소리는 결코 즐거울 수 없다. 앞뒤가 맞지 않는 말이다. 하지만 우리는 '즐거운 비명 소리'가 무슨 의미인지 알고 있다. 지금 배가 너무 고픈데 맛있는 음식이 눈앞에 있으니 음식을 빨리 먹고 싶다는 간절함을 나타내는 말이다.

'웃고 있어도 눈물이 난다'라는 말이 있다. 이 말은 겉으로는 웃고 있는데 속으로는 눈물이 난다는 뜻이다. 즉 겉으로는 웃고 있지만 속마음은 전혀 그렇지 않다는 것이다.

'웃고 있어도 눈물이 난다'는 말은 사랑하는 사람과 이별할 때 많이 사용한다. 겉으로는 쿨하게 웃고 있지만 속으로는 가슴이 아파서 눈물을 흘릴 때 사용할 수 있는 말이다.

옥시모론은 뜻이 서로 대립되는 단어를 함께 쓰면서 자신의 감정을 전달하는 말이다. 그런데 옥시모론이 성경에도 나온다.

> 그러므로 형제들아 내가 하나님의 모든 자비하심으로 너희를 권하노니 너희 몸을 하나님이 기뻐하시는 거룩한 산 제물로 드리라 이는 너희가 드릴 영적 예배니라 (롬 12:1).

사도 바울은 로마 교인들에게 너희 몸을 하나님이 기뻐하시는 거룩한 산 제물로 드리라고 말한다. 살아있는 제물은 뭔가 앞뒤가 맞지 않는 말이다. 올바른 표현이라면 죽은 제물이 맞다.

그렇다면 사도 바울은 왜 로마 교인들을 향해 '너희 몸을 하나님이 기뻐하시는 거룩한 산 제물로 드리라고 했을까?'

1) 나를 산 제물로 드리는 것은 이 세대를 본받지 않는 것이다

우리를 하나님께 거룩한 산 제물로 드리는 것은 이 세대를 본받지 않는 것이다.

그렇다면 이세대를 본받지 않는 것은 무슨 뜻일까?

세상을 본받지 말고 세상의 문화와 가치관을 거부하라는 뜻이다. 우리는 세상을 본받지 말아야 하는 것을 잘 알고 있다. 하지만 우리가 생각해 볼 문제는 세상의 문화와 가치관을 어느 선까지 거부하고 받아들여야 하는 것이다. 우리가 이 세상의 문화와 가치관을 본받지 않으려면 반드시 기준이 있어야 한다.

그렇다면 우리의 기준이 되는 것은 무엇일까?

말씀(성경)이다. 우리는 말씀을 통해 내 마음과 행동이 과연 하나님께서 기뻐하시는 것인지, 아닌지를 알 수 있다. 청소년들을 만나다 보면 많은 친구가 궁금한 것을 질문한다.

학생: 목사님! 궁금한 게 있어요.

나: 그래. 친구야^^ 물어 봐!

학생: 목사님. 크리스천은 노래방 가면 안 되나요?

나: 아~ 노래방?

학생: 네! 노래방이요.

나: 흠 … 넌 어떻게 생각해?

학생: 음 … 전 괜찮다고 생각해요. 그런데 엄마는 노래방 가지 말래요.

나: 그래.. 그럼 우리 무엇이 정답인지 볼까?

학생: 네!

당신은 크리스천이 노래방을 가도 된다고 생각하는가?
난 그 질문에 'YES' 또는 'NO'라고 말하겠다.

나: 친구야! 너 노래방을 가는 이유가 뭐야?

학생: 노래 부르고 싶어서요.

나: 그래? 왜 노래를 부르고 싶은데?

학생: 얼마 전에 헤어진 여자 친구가 떠올랐어요. 옛 추억을 생각하며 미친듯이 노래 부르고 싶습니다.

나: 아?..(당황) 그래? … 그렇다면 목사님은 반대다.

학생: 네?(당황).. 왜요?

나: 하나님의 백성들은 다 하나님의 영광을 위해서 사는 것이 맞지?

학생: 네.

나: 목사님은 네가 노래방 가는 것까지 하나님께서 기뻐하실지 생각 했음 좋겠어. 만약 네가 노래 연습을 해야 하는데 노래 연습을 할 곳이 없다면 노래방 가서 노래 연습할 수 있어. 대신 모든 노래 가사가 좋은 것은 아니라서 누구나 들었을 때 괜찮은 가사가 있는 노래를 부르며 노래 연습하는 거면 노래방 얼마든지 갈 수 있다고 생각해. 그런데 네가 가서 단지 마음의 위로를 찾고 과거에 취해 노래를 부르려고 하는 모습은 반대야. 그럴 땐 교회 가서 얼마든지 기도하고 찬양할 수 있잖니. 그치?

친구: 아~ 네! 목사님, 알겠습니다.

노래방 갈 수 있다.
다만 내가 노래방을 가는 목적이 무엇인지 생각해 보라!

만약 노래방을 갈 때 내 목적이 하나님께서 기뻐하시는 것이 아니라면 가지 마라. 철저하게 당신의 마음을 살펴라. 타협하고 있는 마음이 없는지를 살펴라.

그래도 괜찮다면 가서 노래 불러라. 단 가사 자체가 야하고 폭력적인 노래는 부르지 마라. 그런 노래는 그 자체가 악하다. 이렇듯 우리는 노래방을 가는 것도 하나님께서 어떻게 생각하실지 뜻을 구하며 움직이며 행동하는 사람들이 되어야 한다.

하루는 한 여학생이 나를 찾아왔다

학생: 목사님! 저 학원 옮겼어요.

나: 엉? … 네가 다니던 학원 잘 가르치기로 유명하잖아?

학생: 그렇긴 한데요. 얼마 전에 보니깐 원장 선생님이 시험 기간 때 부적 붙이고 잘 치게 해 달라고 빌더라구요. 조금 고민했는데 이건 아닌 것 같아서 옮겼어요.

나: 그랬구나.

이 여학생의 결정에 내가 놀랐던 이유는 이 여학생은 전교에서 상위권에 들 정도로 공부를 열심히 했고, 잘하는 친구였기 때문이다. 공부하는 것까지 하나님의 영광을 위해 하려고 하는 이 여학생의 모습이 말씀을 따라가는 삶이 아닐까?

우리의 모든 기준은 말씀(성경)인 것을 기억하라.

2) 마음을 새롭게 함으로 변화를 받으라

하나님께 나를 산 제물로 드리는 것은 마음을 새롭게 해서 변화를 받는 것이다. 여기서 주목할 것은 이 문장이 능동태가 아니라 수동태라는 것이다. 마음을 새롭게 함으로 변화를 받으라는 말을 능동태와 수동태로 말하면 다음과 같다.

> 능동태: 나는 마음을 새롭게 해서 변화를 받을 수 있습니다. 왜냐하면, 내 스스로 마음을 변화시킬 수 있는 힘이 있기 때문입니다.
> 수동태: 나는 마음을 새롭게 함으로 변화를 받아야 합니다. 하지만 내 스스로 마음을 변화시킬 수 없습니다. 나는 누군가의 도움을 받아 마음을 새롭게 할 수 있습니다.

사도 바울이 마음을 새롭게 함으로 변화를 받으라고 하는 말은 내 스스로 마음을 새롭게 할 수 없음을 인정하고 다른 누군가의 도움을 받아 변화를 받으라는 것이다.

그렇다면 우리의 마음을 새롭게 하며 우리를 변화시키실 수 있는 분은 누구인가?

그분은 예수님이시다. 예수님께서 우리에게 은혜를 주실 때 우리의 마음이 새롭게 되며 변화를 받을 수 있다.

그렇다면 누가 예수님께서 주시는 은혜를 받을 수 있을까?

> 여호와의 눈은 온 땅을 두루 감찰하사 전심으로 자기에게 향하는 자들을 위하여 능력을 베푸시나니 (대하 16:9).

예수님께서 주목하시며 능력을 베푸시는 사람은 예수님을 전심으로 찾는 자들이다. 예수님께서는 간절한 자에게 은혜를 주신다. 그래서 우리는 은혜받는 자리에 목숨을 걸고 참석해야 한다. 예배, 기도회, 제자 훈련, 양육 훈련 등 교회에서 하는 모든 예배와 훈련의 자리에 참석하자.

만약 당신에게 단 한 번의 예배만 남아 있다고 생각해 보자. 엄청 간절히 예배를 드릴 것이다. 코로나 19가 심해서 한동안 교회에 나오지 못한 적이 있다. 몇 주 뒤 교회에서 다시 예배를 드릴 때 여학생 한 명이 나에게 이런 고백을 했다.

학생: 목사님! 안녕하세요?
나: 그래! 너무 반갑다.
학생: 목사님! 오늘 교회에서 예배 드릴 수 있어서 너무 좋아요.
나: 나도 정말 감사해.
학생: 목사님! 저 일주일 동안 저녁에 금식을 했어요.
나: 오, 그래? 대단한 걸!
학생: 다시 교회에서 예배 드리게 해 달라고 기도했어요.
나: 와, 멋지다!

나는 이 여학생의 고백에 많은 도전을 받았다. 예수님을 너무 사랑해서 성전에서 예배를 드리고 싶어 하는 간절함이 금식까지 이어지게 되었다. 다시 한번 더 말한다. 예수님께서는 간절한 사람을 찾고 계신다. 나는 당신이 예수님께 간절한 사람이기를 바란다.

16. 하나님의 갬성을 이해하라

　각종 SNS, 또는 일상생활을 하다 보면 갬성이라는 단어가 많이 들어간다. 갬성 유튜브, 갬성 인스타그램, 갬성 캠핑, 갬성 카페, 갬성 아이스크림, 갬성 PC방 등등 모든 단어 앞에 갬성이란 말이 들어간다.
　그렇다면 도대체 갬성이란 무엇인가?
　'갬성'이란 우리가 평소에 잘 알고 있는 단어인 '감성'이란 단어를 변형시켜서 만든 단어이다. 쉽게 말해서 '감성'이라는 단어를 강조해서 표현하고 싶을 때 '갬성'이라고 말을 하는 것이다. 지금은 갬성시대이다. 그래서 사람들의 갬성을 잘 알 때 시대를 앞서갈 수 있다.

1) 스티븐 잡스의 아이폰! 하나님의 갬성을 이해하라!

　우리가 잘 알고 있는 스티븐 잡스는 사람들의 갬성을 잘 알고 있었다. 그래서 탄생한 것이 아이폰이다.
　스티븐 잡스는 어떻게 해서 갬성 아이폰을 만들 수 있었을까?
　스티븐 잡스는 소비자의 심리를 정확하게 알고 있었다. 그는 소비자 중심의 핸드폰을 만들었다. 디자인까지 모든 것을 소비자 중심으로 바꿔 버렸다.

스티븐 잡스의 이런 시도는 소비자들의 마음을 움직이는데 성공했고 이제 아이폰은 단순한 핸드폰 기계를 넘어 하나의 브랜드로 자리 잡게 되었다. 나도 예전에 아이폰을 산 적이 있다. 주변에서 너 나 할 것 없이 '아이폰 아이폰' 외치길래 아이폰6를 큰마음 먹고 샀다.

그런데 며칠 뒤에 나는 아이폰을 바꿔 버렸다. 왜냐하면, 아이폰이 너무 작아서 카톡을 치면 계속 오타가 났기 때문이다. 아이들 사역을 하고 있는 나로서는 카톡을 칠 때마다 오타가 계속 나는 게 너무 불편했고 결국, 핸드폰을 다시 바꿔 버렸다.

아이폰6 플러스로 바꿨는데 그래도 카톡을 할 때 오타가 났지만 어쩔 수 없이 계속 썼다. 왜냐하면, 위약금을 물어야 했기 때문이다. 그렇게 아이폰을 2년 넘게 썼던 것 같다.

2년 넘게 아이폰을 쓰면서 카톡 오타는 줄어들었을까?

아니다. 여전히 오타는 많이 났다.

그래도 내가 2년 넘게 아이폰을 썼던 이유는 너무 편했기 때문이다. 스티븐 잡스는 소비자의 갬성을 너무나 잘 알고 있었다. 소비자가 무엇에 감동을 느끼고 열광하는지 통찰력이 있었다. 결국, 그의 머리에서 아이폰이 나오게 되었다.

스티븐 잡스가 소비자의 갬성을 정확하게 이해하고 알고 있었던 것처럼 하나님의 백성인 우리는 하나님의 갬성을 잘 알아야 한다. 하나님께서 어떤 일에 감동하시고 기뻐하시는지 알아야 한다. 하나님께서 우리의 어떤 모습을 보시고 흡족해하시는지 우리는 반드시 알아야 한다. 왜냐하면, 우리는 구원받은 하나님의 자녀이기 때문이다.

당신은 현재 하나님의 갬성을 이해하고 있는가?

2) 다윗의 결정적인 기회! 그의 선택은?

　다윗은 그 누구보다 하나님의 갬성을 잘 이해하고 있었던 사람이다. 그는 하루아침에 골리앗을 죽이고 이스라엘 전쟁 영웅이 되었다. 하지만 사울의 질투로 다윗은 오랜 시간 동안 사울에게 쫓기게 된다. 만약 당신이 전국에 수배령이 내려지고 대통령이 당신을 잡기 위해 혈안이 되어 있다고 생각해 보자.

　피가 바짝바짝 마를 것이다. 죽음의 위협이 언제나 내 가슴을 고통스럽게 할 것이다. 다윗도 그랬다. 다윗은 매일 하루하루가 죽음의 연속이었다. 피가 바짝바짝 말라 갔다. 사울은 다윗이 숨어 있는 곳을 제보받으면 다윗을 죽이기 위해 군사를 이끌고 달려 갔다.

　그런데 드디어 다윗에게 기회가 찾아왔다. 사울과 쫓고 쫓기는 관계를 없앨 수 있는 순간이 찾아온 것이다.

　다윗에게 도대체 어떤 일이 있었던 것일까?

　다윗이 숨어 있는 곳을 알고 사울이 군인 3천 명을 이끌고 왔다. 그리고 길 가에 진을 치고 3천 명의 군사들이 사울을 둘러싸고 보호하고 있었다.

　밤이 되었을 때 다윗은 부하 아비새를 데리고 사울의 진영으로 침투해 들어갔다. 늦은 밤 사울 진영의 모든 사람이 다 깊은 잠에 빠져 있었다.

　사울과 부하들이 방심하고 있었던 것일까?

　아니다. 성경은 하나님께서 사울과 부하들을 깊은 잠에 빠지게 하셨다고 말한다. 드디어 다윗에게 지긋지긋한 관계를 끝낼 수 있는 기회가 주어진 것이다.

다윗이 부하 아비새와 사울이 자고 있는 곳에 도착했다. 부하 아비새가 다윗에게 말한다.

> 아비새: 저에게 명령만 내려 주십시오. 창을 두번 짜를 것도 없습니다. 한번에 찔러 죽이겠습니다.
>
> 다윗: 죽이지 마라! 하나님께서 기름 부으신 자를 치면 어찌 죄가 없겠느냐? 하나님께서 심판하실 것이다. 우리는 창과 물병만 가지고 가자.

놀랍게도 다윗은 그 자리에서 사울을 죽이지 않고 사울의 창과 물병만 가지고 돌아간다.

다윗은 도대체 왜 사울을 죽이지 않았던 것일까?

다윗이 고개만 끄떡이면 아비새가 사울을 찔러 죽일 것이다. 그런데 다윗은 그것을 거절했다. 왜냐하면, 사울은 하나님께서 선택하신 기름부음 받은 이스라엘의 왕이었기 때문이다.

그래도 다윗이 사울에게 목숨을 걸고 간 이유는 다윗이 사울을 해하려는 마음이 없음을 입증하기 위해서였다. 그래서 사울이 자고 있는 곳까지 가서 창과 물병만 가지고 나온 것이다.

아비새는 사울 진영에 모든 사람이 잠든 이유가 다윗의 복수를 끝낼 수 있는 하나님께서 주신 절호의 기회라고 생각했다. 하지만 아니었다.

하나님께서 사울 진영에 있는 모든 사람을 잠들게 하신 이유는 다윗이 어떻게 하는지 보기 위함이셨다. 복수를 할 수 있는 상황에서도 다윗이 과연 하나님의 입장에서 생각하고 순종할 수 있는지 지켜보셨다.

다윗은 철저하게 하나님 입장에서 생각하고 행동하는 사람이었다. 그리고 그 모습이야말로 다윗이 하나님의 마음에 합한 사람일 수밖에 없는 이유였다.

만약 다윗이 자기 입장에서 생각했다면 사울을 단번에 찔러 죽였을 것이다. 하지만 다윗은 그렇게 하지 않았다.

당신은 어떤가?
당신은 하나님의 입장에서 생각하고 있는가?
아니면 철저히 내 생각대로 움직이는 사람인가?

당신은 기억해야 한다. 당신이 하나님의 입장에서 생각하고 행동할 때 하나님께서 당신을 주목하실 것이다.

17. 크리스천은 기도 어떻게 하나요?

얼마 전까지 내가 유일하게 봤던 TV 프로그램이 하나 있었다. 〈뭉쳐야 쏜다〉라는 프로그램이었다. 각 분야에서 레전드였던 운동선수들이 나와서 한 팀을 이뤄 농구시합을 하는 예능 프로그램으로 나는 평소 농구를 좋아하기 때문에 레전드 선수들이 하는 경기를 관심 있게 지켜봤다.

그런데 이게 웬일?

못해도 너무 못하는 것이 아닌가!

드리블을 하다 공을 뺏기고, 패스하다 상대편에게 가로채기 당하고, 농구 룰을 잘 알지 못해 공격 선수를 매번 놓치고 실수하고, 말 그대로 난장판이었다.

레전드 선수들도 승부욕이 강해서 이기고 싶은데 뜻대로 안 되니까 답답해했다. 나는 그 장면을 보면서 '레전드라도 처음부터 모든 운동을 잘할 수 있는 것은 아니구나'라고 생각했다.

모든 운동은 다 과정이 있다. 의욕만 앞선다고 해서 모든 운동을 처음부터 잘하는 것은 아니다. 단계를 거쳐야 한다. 농구도 단계가 있다. 우선 룰을 정확하게 인지해야 한다. 농구 룰은 축구와 다르게 엄청 디테일해서 룰을 잘 알지 못하면 휘슬을 많이 불리게 된다.

그래서 농구를 잘하려면 먼저 농구 규칙에 대해 잘 이해하고 있어야 한다. 가령 공격하는 팀은 24초 안에 슛을 쏘고 링을 맞춰야 한다. 그런데 그 사실을 모르면 공만 튀기다가 상대편에게 공격권을 내줘야 한다.

농구 규칙을 이해하고 나면 기본기를 꾸준히 익혀야 한다. 매일 드리블 연습을 해야 하며 매일 슛을 쏴야 한다. 기본기가 익숙해지면 그제서야 눈으로 보지 않고도 자유자재로 공을 드리블할 수 있게 되며 어느 위치에서건 슛을 쏴도 들어가는 것이다.

레전드 선수들의 인터뷰를 들어보면 위대한 선수가 될 수 있었던 가장 중요한 이유는 기본기를 잘 연습했기 때문이라고 말한다. 기본기가 잘 되어 있으면 거기에 응용 동작이 나오게 되고 현란한 드리블과 정확한 슛을 할 수 있다.

나도 헬스를 오랜 시간 동안 했는데 운동을 가르쳐 달라고 하는 학생들을 보면 단기간에 멋있는 몸을 만들고 싶어 한다. 그러나 몇 주 동안 운동한다고 해서 내가 원하는 곳에 근육이 빵빵하게 나오는 것이 아니다. 꾸준히 안정된 자세로 운동을 할 때 조금씩 조금씩 근육이 생기는 것이다. 이렇듯 하나님의 사람도 처음부터 뛰어난 믿음의 사람이 될 수 있는 것은 아니다.

아브라함이 처음부터 이삭을 바칠 수 있었을까?

아브라함도 믿음이 연약한 사람이었다. 그는 하나님께서 가라고 하신 가나안 땅에 도착했을 때 기근이 들자 애굽으로 갔다. 그곳에서 그는 아내 사라가 너무 이뻐서 자신은 죽임 당하고 아내는 뺏길까 봐 아내를 친동생이라고 거짓말을 했다. 나중에는 바로에게 아내가 잡혀 가지만 아브라함은 아무 말도 할 수 없었다.

결국, 하나님께서 개입하셔서 아내 사라가 돌아오지만 아브라함도 처음부터 이삭을 바칠 만한 믿음이 있었던 것은 아니었다. 하나님의 사람들도 경험을 통해 실패를 통해 믿음이 성장해 가는 것이다.

자 그렇다면 한 가지 질문을 하겠다.

기도는 무엇인가?

하나님께서는 기도를 통해 우리를 만나시고 하나님의 뜻을 이뤄가신다. 하나님께서는 기도를 통해 일하신다. 이것은 바꿀 수 없는 하나님의 법칙이다. 그렇기 때문에 크리스천은 반드시 기도해야 한다. 기도는 크리스천의 의무다. 기도하지 않는 크리스천은 믿음이 없는 사람이다. 기도는 크리스천에게 물과 같은 존재이다.

물을 마시지 않으면 사람이 살 수 있는가?

사람이 물을 마시지 않으면 죽을 수밖에 없다. 기도도 마찬가지다. 크리스천이 기도하지 않으면 빌빌거리다 죽게 된다. 기도하지 않으면 마귀의 종노릇 하는 것과 같다.

크리스천은 기도의 사람이 되어야 한다.

그렇다면 우리는 기도할 때 어떻게 기도해야 하는가?

나는 기도는 철저하게 훈련되어지는 것이라고 말하고 싶다. 처음부터 기도를 잘 할 수 없다. 그렇기에 기도를 어떻게 하는지 배워야 하며 훈련되어져야 한다. 그렇지 않으면 기도 시간이 엄청 지루할 것이며 기도를 어떻게 해야 하는지 몰라 멀뚱멀뚱 눈만 뜨고 있을 것이다.

당신은 기도를 잘하고 있는가?

아니면 밥 먹을 때, 자기 전에만 잠깐 기도하고 있는가?

1. 하나님께서 감동하시는 기도

나는 지금부터 당신과 함께 하나님께서 감동하시는 기도가 무엇인지 살펴볼 것이다.

1) 기도할 수 있는 장소를 정하라

기도를 하기 전 가장 중요한 것은 기도할 장소를 찾는 것이다. 모든 운동에는 거기에 맞는 장비와 유니폼이 있어야 한다. 농구 시합 때 농구공이 아닌 축구공이 있으면 안 되는 것처럼 기도를 하기 전 제일 먼저 준비해야 하는 것은 기도할 수 있는 장소를 찾는 것이다.

내가 찾는 그 장소는 오직 나와 하나님과 1:1로 만날 수 있는 곳이어야 한다. 즉 누구의 방해도 받지 않는 곳에서 기도해야 하는 것이다. 지금 당장 그런 장소를 찾기 바란다. 이 이야기를 들으면서 나에게 이렇게 말하는 친구가 있었다.

학생: 목사님! 저는 기도하는 곳이 지하철인데 괜찮아요?
나: 지하철? 아 … 거기서 기도한다고?
학생: 네! 찬양 들으면서 기도해요.
나: 아 그렇구나! 그래. 그것도 하나님께 드리는 기도야. 잘 했어! 그런데 지금 목사님이 말하는 건 네가 하나님과 1:1로 만날 수 있는 장소를 정해야 해. 이제 지하철에서도 기도하고 또 하나님과 1:1로 만날 수 있는 장소도 정하자.
학생: 아! 네. 알겠습니다.

이 친구 말처럼 사람들이 많은 곳에서도 하나님께 기도할 수 있다. 그러나 그때는 주변에 사람들이 있기 때문에 하나님께 집중하기 어렵다. 학교 가는 길에 버스나 지하철에서 기도했다면 원래 하던 대로 계속 기도하고 집에서도 장소를 정하기 바란다. 조용할 때 역사하시는 하나님의 은혜가 크다는 것을 명심하자.

2) 시간을 정하라

첫 번째로 장소를 정했으면 두 번째로 시간을 정하라. 시간은 매일 변경되기보다 일정한 시간이 좋다. 다니엘도 예루살렘을 향해 하루에 3번 기도했던 것처럼 우리도 시간을 정해서 하나님께 기도하자.

시간을 정하면 그 시간만큼은 기도 시간이 되기 때문에 다른 하던 일을 멈추고 기도해야 한다. 기도 시간은 적어도 15분 이상 하는 것을 추천한다.

처음 기도할 때 기도를 어떻게 할지 몰라서 1분 이상 하면 할 말이 없을지도 모른다. 하지만 기도는 훈련이다. 계속해서 기도하는 습관을 들이고 기도해야 한다.

나도 처음에 기도를 했을 때 막상 기도를 하려고 하니 무슨 말을 어떻게 해야 하는지 몰랐다. 내 딴에는 열심히 기도했는데 시간이 지난 후 고개를 들어보니 10분은커녕 3분 밖에 지나지 않았다.

그랬던 내가 이제는 매일 새벽마다 1시간 이상씩 기도하는 사람이 되었다. 기도는 훈련이다. 기도는 끈기다. 기도에 성공하기 위해서는 시간을 정해야 한다.

3) 간절함이 있어야 한다

2003년 9월 태풍 '매미'가 대한민국을 휩쓸고 간 적이 있다. 그 당시 대한민국은 태풍 '매미'로 상당한 피해를 입었다. '매미'로 인해 130명의 인명 피해가 났으며 재산 피해는 무려 4조 2225억 원이었으며 4,089세대 1만 975명의 이재민이 발생했었다.

아직도 그때 기억이 생생한 이유는 내 인생에서 처음으로 간절히 기도했기 때문이다. 당시 아버지가 배를 타고 계셨는데 태풍 '매미'로 배가 잘못하면 가라앉을 수도 있다고 연락이 왔다.

나는 태풍이 제일 강하게 불던 저녁 혼자서 교회에서 아버지를 위해 기도했다. 아버지가 타고 있는 배를 지켜 달라고 눈물을 흘리며 간절히 기도했다. 2시간 정도 기도했을 때 내 마음속에 알 수 없는 평안함이 몰려왔다. 그때 나는 처음으로 깨달았다.

'하나님께서 내 기도를 듣고 계시구나'

그다음 날 아버지께 연락을 받았다. 배가 가라앉을 뻔한 3번의 큰 위기가 있었지만 다행히 무사할 수 있었다는 소식이었다. 나는 그때 처음으로 간절하게 기도하는 것이 얼마나 중요한 것인지 알 수 있었다.

나는 학생들과 기도할 때 간절히 기도해야 한다고 가르친다. 기도는 하나님께 우리의 간절함을 나타내는 것이다. 우리가 간절한 마음으로 하나님을 찾을 때 하나님께서 만나 주신다. 하나님만 내 문제를 해결하실 수 있다는 간절함이 있어야 한다.

4) 기도할 때 부르짖어라

> 여러 해 후에 애굽 왕은 죽었고 이스라엘 자손은 고된 노동으로 말미암아 탄식하며 부르짖으니 그 고된 노동으로 말미암아 부르짖는 소리가 하나님께 상달된지라 (출 2:23).

요셉을 알지 못하는 새로운 바로가 나날이 번성하는 이스라엘 백성을 보며 위기의식을 느꼈고 이스라엘 백성의 번성을 막기 위해 고된 노동을 시켰다. 이스라엘 백성이 애굽에서 고된 노동으로 힘들어 할 때 그들이 했던 일은 하나님께 부르짖는 것이었다. 그리고 놀랍게도 하나님께서 이스라엘 백성이 부르짖는 소리에 응답하셨다.

간절히 기도하는 사람들의 공통적인 특징이 있다. 간절하면 부르짖게 되어 있다. 만약 당신이 길을 가다가 교통사고를 당했다고 생각해 보자.

누군가의 도움이 절실히 필요할 때 어떻게 할 것인가?

아마 큰소리로 "도와주세요!"라고 외칠 것이다. 누군가 억지로 시켜서가 아닌 자연스럽게 부르짖는 소리가 나올 수밖에 없다. 나는 청소년 사역을 할 때 부르짖으면서 기도하라고 강조한다.

기도할 때 조용히 침묵하는 친구들이 있다. 눈만 감고 가만히 앉아 있다. 나는 그런 친구들을 볼 때 입을 열고 하나님을 찾으라고 말한다. 처음에는 소리 내서 기도하는 것을 어색해하지만 시간이 지나면 간절히 부르짖으며 기도하는 청소년들의 모습을 볼 수 있다.

부르짖을 때 역사가 일어난다. 다 함께 큰소리로 하나님의 이름을 부르며 기도하자.

5) 방언 기도를 사모하라

방언 기도를 사모하자. 방언은 하나님께서 주신 기도의 은사다. 바울은 고린도 교회를 향해 방언 기도로 많이 기도함에 감사하고 있다. 나는 방언을 20살 때 받았다. 7일 동안 금식하러 기도원에 올라간 적이 있다. 아직도 하루가 지나자마자 집으로 내려오겠다고 어머니께 전화했던 기억이 생생하다.

나: 엄마! 나 내일 내려갈게요!
어머니: 왜? 무슨 일 있어?
나: 아~ 엄마, 나 기도 응답받은 거 같아.
어머니: 맥아! 금식 작정했으면 끝까지 지켜야 해.
나: 아.. 나 응답받았는데 ….
어머니: 맥아, 힘들면 성경 읽어라. 파이팅!
나: …….

그렇게 울며 겨자 먹기로 다시 금식을 시작했다. 금식을 하는데 배고픔이 얼마나 힘든 건지 처음 알았다. 손바닥 살이 갈라졌고 마음은 갈피를 잡지 못해 너무 힘들었다. 그때 성경을 읽으라는 어머니의 말이 떠올랐다.

"성경 어디를 읽을까?"

고민하다가 창세기부터 읽기 시작했다. 창세기를 읽는데 내 인생 처음으로 신기한 경험을 했다. 번잡했던 내 마음에 평안이 임하기 시작했다. 그리고 마음에서 알 수 없는 힘이 솟구치기 시작했다. 그렇게 마음이 힘들 때마다 성경을 읽었고 성경을 읽을 때마다 마음에 평안이 임했다. 그때 난 처음으로 알았다.

'아~ 말씀 자체에 힘이 있구나.'

그렇게 마지막 금요일 밤이 되었다. 토요일과 주일은 교회 사역을 해야 했기에 금요일 저녁 집회가 마지막이었던 것이다. 그때 기도하는데 내 마음속에서 간절한 기도가 흘러나왔다.

"하나님! 저에게 은사를 주세요. 은사를 주시면 하나님을 위해서 사용하겠습니다."

성경을 읽다가 고린도전서 12장을 봤는지 나도 모르게 그런 간절한 기도가 흘러나왔다. 그렇게 기도를 끝마치고 다음날 집으로 돌아왔다.

그리고 며칠 뒤 교회에서 혼자 기도를 하고 있을 때였다. 기도를 하는데 입이 근질거렸다. 그리고 내 의지와는 상관없이 이상한 말이 나오려고 했다. 나는 너무 놀라서 하던 기도를 멈추고 어머니께 갔다.

나: 엄마! 나 기도하는데 이상해. 귀신 들린 거 같아.

어머니: 왜? 무슨 일이야?

나: 계속 입에서 이상한 말이 나와.

어머니: 아, 맥아 그거 방언인 거 같아 … 계속 기도해 봐. 하나님께서 방언 주셨네.

나: 방언?

다시 돌아가서 기도하는데 입이 근질거리길래 입이 가는 대로 기도했다. 그게 내 방언 기도의 첫 시작이었다. 방언 기도를 하면서 나는 참 많은 경험을 했다.

　내 주변에 아무도 방언 기도를 하는 사람이 없었다. 심지어 어머니조차도 방언 기도를 하지 못하셨다. 나는 방언 기도를 하면서 많은 시행착오를 겪어야 했다. 그래도 꾸준하게 방언 기도를 했고 지금은 주님 안에서 자유하면서 매일 방언으로 열심히 기도하고 있다.

　방언은 하나님께서 주신 기도 은사다. 이 은사를 받았다고 해서 우쭐할 필요도 없고, 받지 않았다고 해서 질투할 필요도 없다.

　겸손한 마음으로 하나님 앞에서 뜨겁게 방언으로 기도하자!

　그리고 방언을 받지 않은 사람이 있다면 사모하기를 바란다.

　하나님께서는 사모하는 자에게 은사를 부어 주신다!

2. 기도 순서

　이제부터는 기도를 잘 모르는 친구들을 위해 기도할 때 어떤 순서로 하는 것이 괜찮은지 말해 주겠다!

1) 감사하라!

기도할 때 무슨 말을 해야 할지 몰라 침묵하던 친구들이여!

　기도를 시작할 때 감사의 기도를 하자. 하루 동안 하나님께 감사한 일을 떠올려 보자. 생각하지 못하고 지나간 것이 많을 것이다. 하나하나 감사하면서 기도의 자리에 나온 것을 감사하자.

2) 성령님을 초청하라!

감사 기도가 끝나면 성령님을 초청하자!
자! 그렇다면 여기서 질문을 하나 하도록 하겠다.
성령님은 어떤 분이시며 어디에 계시는가?

> 오직 하나님이 성령으로 이것을 우리에게 보이셨으니 성령은 모든 것 곧 하나님의 깊은 것까지도 통달하시느니라(고전 2:10).

성령님은 하나님의 유일한 영이시며 하나님의 깊은 것까지도 다 아시는 분이시다. 성령님은 예수님을 믿는 모든 사람의 마음 안에 계신다. 성령님을 초청하는 것은 하나님의 유일한 영이신 성령님께 내 기도를 인도해 달라고 기도하는 것이다.
'하나님의 영이신 성령님 기도를 시작합니다. 저를 인도해 주세요.'

3) 회개하라!

회개해야 한다. 회개하며 하루 동안 하나님께 지었던 죄악을 고백하자. 당신의 생각나는 죄악들을 다 고백하자. 마음으로 지은 죄, 말로 지은 죄, 행동으로 지은 죄, 질투, 시기, 음란, 교만... 당신 안에 해결되지 않은 죄들을 회개하자. 그리고 회개에 대해서 한 가지 더 말한다면 죄 고백으로 끝나는 것만이 회개의 전부가 아니다.
아이들이 착각하는 게 죄만 고백하면 회개했다고 생각한다. 그리고 다시 음란에 빠지고 게임에 빠진다. 반복의 연속이다. 회개는 죄

고백이 전부가 아니다. 회개는 자신의 죄를 뉘우치고 간절히 죄를 고백하며 예수님의 보혈로 용서함을 받고 그 뒤에 죄를 짓지 않기 위해 싸워야 한다.

이것도 회개인 것이다.

당신은 죄와 싸우고 있는가?

싸우기를 포기한다면 당신은 하나님의 백성이길 포기하는 것이다. 우리는 하나님의 은혜를 구하면서 한편으로 죄와 죽기까지 싸워야 한다. 다시 한번 더 명심하자. 죄와 싸우기를 포기하는 사람들은 진짜 회개한 사람이 아니다.

4) 개인 기도 제목 기도하라!

회개까지 다 끝냈는가?

이제 당신의 개인 기도 제목이 있을 것이다. 그것을 위해 기도하자. 당신이 겪고 있는 문제가 있다면 하나님께 기도하자. 고민과 불안함과 두려움이 있다면 하나님께 기도하자. 하나님께서 당신의 기도에 반응하신다. 그런데 이것만큼은 꼭 명심하자. 마지막 마무리는 꼭 이렇게 기도해야 한다.

"하나님! 모든 것이 하나님의 뜻대로 이뤄지게 하옵소서."

내 방법과 내 뜻이 아닌 하나님의 방법과 뜻대로 이루어지기를 기도해야 한다. 나는 이제까지 기도 응답을 받은 적이 단 한 번도 없다. 그렇다고 오해하지 않기 바란다. 내가 이런 말을 하는 이유가 있다. 기도를 할 때 당신은 기도 제목이 이루어지기를 원할 것이다.

하지만 명심하라. 당신의 뜻대로 이루어지진 않을 것이다. 나는 기도 제목이 있어서 항상 기도하면 내 뜻대로 이뤄진 적이 단 한 번도 없다.

다 내가 생각하지 못했던 방법으로 하나님께서 예비하셨고 어떤 것은 오랜 시간이 지난 뒤에 아는 것도 있었다. 당연히 모르는 것은 훨씬 더 많을 것이다.

지금 보라!

내가 어떻게 14년째 청소년 사역을 할 수 있었으며 지금 이렇게 책을 쓰기 위해 컴퓨터 앞에 앉아 있을지 상상이나 했겠는가?

나는 그래서 어떤 문제가 생기거나 기도해야 할 일들이 생겼을 때 기도하면서 '이런 식으로 진행이 되겠지'라는 예상이 될 때 '아~ 하나님께서 절대 이렇게 하지 않으시겠구나'라고 생각한다. 이제까지 단 한 번도 내 예상을 빗나간 적이 없다.

하나님은 절대 우리가 예상한대로 움직이시는 분이 아니다. 그때그때마다 우리가 하나님을 의지할 수밖에 없게끔 만드신다.

기억하자.

마지막은 '하나님의 뜻대로 이뤄주옵소서'라고 말이다!

5) 가족과, 이웃과, 친구를 위해 기도하라!

이제부터 다른 사람을 위해 기도하는 거다. 가족을 위해서 친구를 위해서 공동체를 위해서 기도해야 한다.

평소에 당신에게 기도 부탁을 한 사람이 있는가?

그 사람을 위해 기도하라!

당신이 아예 기도를 하지 않는 사람이라서 그런 부탁을 하는 사람이 없다면 당신이 생각했을 때 제일 기도가 필요한 사람을 떠올리고 그 사람을 위해서 기도하라!

다른 사람을 위해 기도할 때 엄청난 위력이 있다. 그 사람을 위해 기도해도 그 사람이 어떤 응답을 받았는지 난 모른다.

하지만 하나님께서 내 기도를 듣고 계시며 내 기도를 통해 역사하신다는 것을 기억하자. 내가 기도할 때 내가 모르는 곳에서 하나님은 일하신다. 믿음으로 감사하며 끈질기게 기도하자.

6) 나라를 위해 기도하라!

마지막으로 나라를 위해서 기도하라!

우리는 나라를 위해서 기도해야 한다. 나는 대한민국의 평화가 계속 지속될 것이라고 생각하지 않는다. 만약 하나님을 따르는 백성들이 타락하고 더 이상 하나님을 찾지 않으면 이 나라는 주변 국에 의해 망하게 될지도 모른다.

소돔과 고모라가 왜 망했는지 기억하라. 소돔과 고모라는 의인 10명이 없어서 망한 것이다.

나라를 위해서 기도할 때 한 번은 두려움이 엄습했던 적이 있다.

"하나님!

일본, 중국, 러시아 열강들 속에서 우리나라 어떻게 해야 합니까? 정치인들은 계속해서 사리사욕을 채우고 있고 국민들은 방황하며 세상의 쾌락과 즐거움을 따르고 있습니다.

이 나라에 의인 10명이 없으면 어떻게 되는 것입니까?

하나님!

제발 이 나라를 불쌍히 여겨 주세요. 하나님 저 아니어도 됩니다. 하나님의 백성을 준비시키셔서 사용해 주세요.

제발요 하나님 ….”

그렇게 울면서 기도했다.

그런데 잠시 뒤에 내 안에 평안이 임하면서 하나님께서 나에게 이렇게 말씀하시는 것 같았다.

"맥아!

대한민국에 나라를 위해 하나님께 기도하는 백성이 많이 있단다!"

그런 감동이 너무 강하게 내 마음에 전해져와 나는 펑펑 울었다. 너무 감사해서 펑펑 울었다. 우리는 나라를 위해 기도해야 한다. 이 나라를 보호하시는 분은 대통령이 아니다. 하나님이시다. 우리가 나라를 위해 기도해야 하는 이유는 대한민국에서 계속해서 자유롭게 신앙생활을 하기 위해서다.

반대로 말하면 정치인들에 의해 한순간에 나라 상황이 변할 수도 있다. 지금 대한민국과 북한을 보라. 남과 북으로 갈라진 두 나라만 비교해 봐도 국민의 삶이 어떤지 알 수 있다.

자유민주주의 대한민국에서 교회를 다닌다고 정부에서 핍박하지 않는다. 우리에게는 신앙의 자유가 있다. 하지만 북한은 다르다. 공산주의 체재를 따르고 있는 북한에서 신앙의 자유란 있을 수 없다.

교회에 가고 싶어도 갈 수 있는 교회도 없고 예수님을 믿고 싶어도 믿을 수 없는 곳이 북한이다. 대한민국은 기독교 정신을 바탕으로 나라를 세웠지만 북한은 공산주의 체재 위에 나라를 세웠다. 우리가 지도자들을 위해 기도해야 하는 이유는 우리도 언제 어떻게 변할지 아무도 모르기 때문이다.

　지도자들의 욕심과 잘못된 정책으로 대한민국도 풍전등화와 같은 상황에 처할지 모른다. 지금 대한민국이 살기 좋은 나라인 것 같지만 여전히 우리는 열강들 속에 둘러싸여 있는 연약한 나라임을 기억해야 한다. 우리는 이럴 때일수록 나라를 위해 지도자를 위해 기도해야 한다.

　하나님께서 대한민국을 지키고 계신다는 것을 믿는다면 나라를 위해 기도하자. 나라가 흔들리면 우리도 자유롭게 신앙생활을 할 수 없다. 교회를 가고 싶어도 가지 못하게 되고 예수님을 믿으면 죽을 수도 있는 시대가 언제 찾아올지 모른다. 그래서 우리는 나라를 위해 지도자들을 위해 간절히 기도해야 한다.

　기도를 처음부터 잘하는 사람은 없다. 기도는 훈련되는 것이다. 기도는 꾸준히 해야 한다. 기도는 끈질기게 해야 한다. 기도는 간절히 부르짖으면서 해야 한다. 기도를 통해 하나님을 만나는 당신이 되기를 바란다.

18. 크리스천은 사명자다!(1)

1. 어릴 때부터 목사가 '꿈'이 되어야 했던 아이!

나는 가수 인순이가 부른 '거위의 꿈'을 듣는 것을 좋아한다. 가수 인순이가 방송에 나와서 '거위의 꿈'을 부르는 것을 처음 들었을 때 그 순간 심장이 정지되는 것만 같은 충격을 느꼈다. 가사 하나하나가 나에게 너무나 와닿았다. '거위의 꿈'은 그 당시 미래를 알 수 없어서 불안해 하는 내 인생에 한줄기 빛과도 같은 노래였다.

전도사로 열심히 사역을 하고 있었지만 내 마음 한켠에는 목사가 되는 것이 정말 나를 위한 길인지 다른 일을 할 수 있을지 고민하고 있던 시기였다.

난 원래 목사를 하기 싫어했던 평범했던 학생이었다. 내가 목사를 하기 싫어했던 이유가 있었다. 어려서부터 부모님은 내가 목사가 되어야 한다고 말했다. 너는 하나님께 서원 기도를 드린 특별한 아이기 때문에 반드시 목사가 되어야 한다고 말했다. 나는 부모님의 그 말을 들을 때마다 미쳐 버릴 것만 같았다.

왜 한 사람의 인생을 부모님이 결정해 주신단 말인가?

'하나님께서 나를 목사로 부르셨다면 부모님께서 그렇게 말씀하지 않으셔도 부르실 텐데' 하는 마음이 있었다.

나는 그렇게 아무런 꿈도 없는, 그렇다고 목사는 하기 싫은 평범한 학생으로 학창 시절을 보냈다. 수능이 끝나고 20살이 되었다. 나는 어느 학교를 갈지 고민해야 했다. 그리고 고민하던 과정에서 내가 할 수 있는 일은 아무것도 없었다. 현실이 녹록지 않았고 아무런 꿈도 아무런 희망도 없었다.

그때 내가 선택했던 것은 내 인생 처음으로 스스로 교회에 나가 기도하는 것이었다. 중고등학교 시절 수련회도 꼬박꼬박 다니고 나름 교회 생활을 열심히 했지만 내가 스스로 교회에 나가서 기도하는 것은 처음 있는 일이었다.

하지만 기도라고는 해본 적 없는 내가 하나님께 할 수 있는 기도는 이 한마디밖에 없었다.

"하나님! 도와주세요!"

그렇게 나는 일주일을 교회에 나가서 기도했다. 뭐 사실 기도라 할 것도 없었다. 가서 1분 기도하고 잠을 잤으니 말이다. 그런데 놀라운 일이 일어났다. 예수님의 신호가 있었기 때문이다.

그날도 늦은 저녁 교회에서 혼자 기도하고 있었다. 기도하는데 지금까지 한 번도 하지 못했던 경험을 했다. 기도하던 도중 갑자기 가슴이 뜨거워지면서 눈에서 눈물이 흘러나왔다. 그리고 예수님께서 나에게 이렇게 말씀하시는 것 같았다.

"맥아!

네가 나에게 오길 기다리고 있었단다. 사랑한다. 아들아."

그 순간 눈물이 터져 나오면서 통곡했다. 이제까지 믿어지지 않았던 예수님의 십자가의 사랑이 믿어졌고 내가 하나님 앞에 너무 큰 죄인이라는 사실이 깨달아졌다.

나는 울면서 기도했다.

"예수님!

　감사합니다. 더러운 죄인인 저를 용서해 주시고 만나주셔서 감사합니다. 주님을 위해 살겠습니다."

하나님께서는 내가 1분을 드려도 스스로 하나님을 찾아가 마음을 담아 기도했던 그 기도를 들어주셨다. 나는 예수님을 인격적으로 만났고 예수님이 진실로 살아계신 하나님의 아들이라는 것이 믿어졌다. 그때부터 하기 싫어했던 목사가 되기로 결심했고 공부를 다시 하기 시작했다. 그리고 지금 목사가 되어서 열심히 살고 있다.

2. 꿈이 없는 청소년들! 무엇을 위해서 살아가는가?

많은 청소년이 꿈이 없이 살아간다. 꿈이 없으니 희망도 없다. 희망이 없으니 하루하루가 힘들고 여유가 없다. 내가 무엇을 위해 살아가야 하는지, 난 앞으로 무엇을 해야 할지 전혀 알지 못한다. 눈앞이 깜깜한 하루하루를 살아가고 있다.

그렇다면 우리는 무엇을 위해 사는 사람들인가?

그리고 우리는 누구를 위해 사는 사람들인가?

예수님께서는 십자가에 죽으시고 3일 만에 부활하셨다. 부활하신 예수님은 제자들 앞에 다시 나타나셨다. 제자들과 함께 40일 동안 있으시면서 하나님 나라의 말씀을 전하시고 다시 올라가셨다. 예수님께서는 올라가시기 전 제자들에게 이렇게 말씀하셨다.

오직 성령이 너희에게 임하시면 너희가 권능을 받고 예루살렘과 온 유대와 사마리아와 땅끝까지 이르러 내 증인이 되리라(행 1:8).

예수님께서는 제자들에게 성령을 기다리라고 하셨다. 제자들은 예수님의 말씀에 순종해 마가의 다락방에서 열심히 기도하며 성령을 기다리고 있었다. 오순절 날이 되었을 때 제자들은 성령님을 만나게 되었다. 성령님을 인격적으로 만났을 때 제자들은 그제서야 예수님께서 이 땅에 오신 이유를 알게 되었다. 왜 예수님께서 십자가에 죽으셔야만 했는지 왜 3일 만에 부활하셨는지 깨닫게 되었다.

그때부터 제자들은 달라졌다. 완전히 다른 사람이 되었다. 그들은 원래 두려움이 많은 사람이었지만 이제 죽는 것을 주저하지 않는 사람이 되었다. 그들은 담대히 복음을 전하기 시작했다.

도대체 제자들에게 어떤 일이 있었던 것일까?

나는 예수님을 인격적으로 만나고 난 뒤 목사가 되기로 결심하고 오랫동안 이 길을 걸어왔다. 하지만 나는 이 길을 걸어 가면서도 내가 목사로서 앞으로 무슨 일을 해야 할지 고민이 됐다.

군대를 제대하면서 24살에 결혼한 나는 학교를 3년 동안 다녀야 했고, 또 신학대학원 3년을 다녀야 했다. 아내는 졸업을 하고 전도사로 사역을 나갔다. 그 당시 나와 아내의 전도사 사례금으로 학비까지 내면서 생활하는 게 쉽지 않았다. 아내는 학교에서 일을 하면서 투잡(two job)을 뛰었고 나는 매 학기가 끝나갈 때쯤 간신히 학비를 마련해서 낼 수 있었다.

당시 아버지의 건강 악화로 부모님도 일을 다 정리하고 고향으로 내려 가신 후라 누구도 우리를 도와줄 수 없었다. 나는 여러 힘든 상황을 겪으면서 고민에 빠졌다.

과연 내가 앞으로 목사가 될 수 있을까?

나는 하나님께 기도했다.

"하나님!

앞으로 제가 어떤 길을 걸어 가야 할지 가르쳐 주십시오!

그럼 제 마음이 평안할 것 같습니다."

그러나 나에게 들려오는 것은 허공에 외치는 나의 기도 소리뿐이었다. 하나님은 나에게 아무 말씀도 하지 않으셨다. 나는 오랫동안 이 문제를 가지고 고민하며 기도했다. 하지만 그럴 때마다 나에게 보이는 것은 차가운 현실과 하나님의 침묵뿐이었다.

청소년 때는 미래에 대한 불안감이 많다. 앞으로 내가 어떤 대학에 갈 수 있을지, 어떤 회사에 취직할 수 있을지, 내 인생은 어떻게 될지 고민하며 불안해한다. 내가 무엇을 해야 하는지도 모른 채 하루하루를 살아간다.

그렇다면 크리스천은 무엇을 하며 살아가는 사람들일까?

3. 예수님의 제자들 사명을 깨닫게 되다!

제자들은 성령님을 인격적으로 만나고 완전히 다른 사람이 되었다. 그들은 원래 원대한 꿈이 있었다. 예수님 옆을 따라다니며 기회를 노리고 있었다. 나중에 예수님께서 이스라엘의 왕이 되시면 자신들도 예수님과 함께 높은 자리에 앉을 것이라는 꿈이 있었다. 하지만 예수님께서 십자가에 죽으심으로 제자들의 꿈은 철저하게 부서졌다.

이제 그들은 무엇을 해야 할지 몰랐다. 하지만 그들은 성령님을 인격적으로 만나고 달라졌다. 즉 자신들이 할 일을 알게 된 것이다. 자신들이 무엇을 위해 존재하는지 알게 된 것이다.

그렇다면 제자들은 도대체 무엇을 알게 된 것일까?

제자들은 예수님을 전하는 것이 평생의 사명이라는 것을 알게 되었다. 많은 사람은 꿈을 찾으려고 한다. 하지만 예수를 믿는 하나님의 백성들은 자신의 꿈을 찾기 전에 먼저 사명자라는 사실을 기억해야 한다. 예수님을 믿는 모든 사람은 다 사명자다. 당신도 사명자다.

사명이 무엇인가?

맡겨진 임무라는 뜻이다. 사명자는 맡겨진 임무를 수행하는 사람이다. 우리 모두는 사명자다.

그렇다면 우리에게 맡겨진 임무는 무엇인가?

예수님의 제자들처럼 예수 그리스도를 전하는 것이 우리의 사명이다. 나는 내가 꿈을 꾸는 사람이기 이전에 사명자라는 사실을 오랜 시간에 걸쳐서 깨달았다. 나는 원대한 꿈을 가지고 유명한 목사가 되고 싶었지만 그것은 내 꿈이지 하나님께서 주신 꿈은 아니었다. 하나님은 나를 철저하게 낮추셨다. 결국, 나는 하나님께 이런 고백을 했다.

"하나님!

저를 안 쓰셔도 됩니다. 저는 유명해지지 않아도 됩니다.

이름도 없고 빛도 없는 곳에서 순종하며 살아가겠습니다."

하나님께서는 철저하게 내 안에 있는 교만과 허황된 생각들을 제거해 나가셨다. 그 과정과 작업은 상당히 고통스럽고 힘들었다.

하지만 이제는 안다. 내가 사명자라는 사실을. 나는 사명자다. 나는 목사이기 이전에 사명자다. 당신도 사명자다. 고등학생이기 이전에 사명자다. 대학생이기 이전에 사명자다. 우리 모두는 다 사명자다. 학벌, 나이, 신분에 상관없이 예수님을 믿는 우리 모두는 사명자다.

4. 그렇다면 사명자는 어떤 사람들인가?

첫째, 사명자는 복음을 전하는 사람들이다.

우리는 예수님을 전하는 일에 목숨을 걸어야 한다. 우리가 속해 있는 자리에서 예수님을 전해야 한다. 내가 청소년이라면 학교에서 예수님을 전하는 것이 내 사명이다.

고등학교 3학년 때 연합 수련회에서 강사 목사님께서 해 주셨던 이야기가 아직도 기억난다. 어느 날 고등부 여학생이 목사님을 찾아왔다. 여학생이 갑자기 울면서 목사님한테 이렇게 말했다.

여학생: 목사님. 저 어떻게 해요? 큰일 났어요.

목사님: 응? 왜 그래? 무슨 일 있어?

여학생: 네. 목사님. 학교에서 친구 한 명이 자살했어요...

목사님: 어휴 … 그랬구나. 네가 마음이 많이 힘들겠네.

여학생: 목사님... 그 여학생이 학교에서 왕따를 당하고 있었거든요.

목사님: 그래?

여학생: 네. 그 여학생이 자살하기 전에 점심시간에 3명의 여학생을 찾아 갔데요. 3명 다 점심시간에 밥 먹기 전에 기도하던 학생들이었어요. 하지만 3명 다 그 여학생이 오자 자리를 피했어요. 그리고 왕따를 당하던 그 애는 자살했어요.

목사님: 그런 일이 있었구나. 안타깝네.
여학생: 목사님! 저 어떡해요 … 제가 3명 중 1명이었어요. 밥 먹고 있는데 그 애가 와서 앉길래 어떻게 할지 고민하다가 다른 곳으로 자리를 옮겼어요.
저 어떡해요? 목사님.
목사님: 아 ….

자살한 여학생은 학교에서 왕따를 당하고 있었다. 자살을 하기 전 마지막으로 3명의 친구를 찾아갔다. 3명의 친구들은 공통점이 하나 있었다. 밥 먹기 전에 기도를 하던 학생들이었다.
하지만 3명 모두 다 왕따 여학생을 외면했고 결국 그 여학생은 자살했다. 아직까지 강사 목사님의 이야기가 생생하게 기억나는 이유는 그때 내가 받았던 충격이 많이 컸기 때문이다.
당신 주변에도 당신의 사랑과 손길을 필요로 하고 있는 친구들이 있다. 우리는 그런 친구들에게 사랑의 손길을 내밀어야 한다. 담대하게 복음을 전하고 예수님의 사랑을 실천해야 한다.
이 글을 읽는 당신을 통해 당신의 친구가 변화되고 가족이 변화되고 반이 변화되고 학교가 변화되길 기대한다.
둘째, 사명자는 하나님께서 주시는 꿈을 꾸는 사람들이다.
하나님께서는 자기 백성들에게 꿈을 주신다. 나는 원래 모델이 되고 싶었다. 지금은 몸무게가 세 자리 숫자이지만 고등학교 때 키가 185센티미터, 몸무게는 72-75킬로그램 정도였다. 주변에서도 넌 충분히 할 수 있다고 말했다. 나도 내가 제일 잘 할 수 있는 것이라 생각했고 도전하고 싶었다. 하지만 이것은 내 꿈이지 하나님께서 주신 꿈이 아니었다. 하나님께서 나에게 주신 꿈은 목사로 말씀을 전하고 가르치며 영혼을 섬기는 일이었다.

때때로 우리는 하나님께서 주신 꿈과 내가 꾸고 싶은 꿈을 혼동할 때가 있다.

당신은 사명자로서 하나님께서 주신 꿈을 꾸고 있는가?

아니면 당신을 위한 꿈을 꾸고 있는가?

하나님께서 주신 꿈을 찾고 세계를 품고 나아 가자. 하나님께서 당신과 함께하신다.

19. 크리스천은 사명자다!(2)

우리는 사명자다. 사명자는 하나님께서 주신 꿈을 꾸어야 한다. 그렇다면 하나님께서 주신 꿈을 우리는 어떻게 알 수 있을까? 우리는 사명자로서 어떻게 하나님의 꿈을 꾸어야 할까?

꿈은 당신을 위해 꿈꾸는 것이 아니다. 하나님을 위해 꾸는 것이다.

1. 목사를 그만 두기로 결심하다!

나는 목사의 길을 걸어 가면서 정확히 2번 사역의 길을 내려 놓으려고 했다. 한 번은 20대 후반 중등부 전도사로 있을 때였다. 3년간의 첫 사역을 마치고 그다음으로 간 곳은 중등부였다. 중등부 전도사로 처음 부서에 가서 선생님들과 인사를 하는데 정말 황당했다.

    나: 안녕하세요?
        이번에 새로 온 김맥 전도사입니다(열정 가득).
    선생님1, 2, 3: 안녕하세요?
        저는 OOO입니다. 아, 그런데 저는 오늘이 마지막입니다.
    나: 네?(당황 …)

처음 중등부 전도사로 왔는데 선생님 중 절반이 그만두신다고 하셨다. 남아 있는 선생님이 부장 선생님을 포함해서 네 분 계셨다. 선생님을 구해 보려고 했지만 선생님들이 계시지 않았다.

여전히 어디를 가나 중등부는 기피 대상이었다. 기대하는 마음을 품고 새 사역지로 왔는데 벌써부터 문제가 산더미처럼 쌓여 있었다.

그렇게 해서 시작한 중등부 사역이었지만 나는 3년 동안 많이 단련되어 있었기 때문에 중등부 사역을 집중해서 할 수 있었다. 교육 전도사였지만 평일에 아이들한테 연락하고 토요일이 되면 아이들을 만나러 다녔다.

예배 후 선생님들과 함께 모임을 하면서 소속감을 가지고 하나가 됐다. 3년째가 됐을 때부터 사역에 날개가 달린 듯했다. 아이들이 많이 오기 시작했다. 25-30명이던 중등부가 친구 초청 주일을 했는데 100명이 왔다.

교회에서는 수십 년 만에 처음 있는 일이라고 했다. 그때부터 중등부가 매주 50-60명의 학생들이 왔다. 말 그대로 대박을 쳤다. 주변 사람들은 너무 잘하고 있다고 말했다. 나 역시도 열정있게 사역을 했기에 재미있었다. 이때 평생 동안 해 보지 못했던 탈색을 사역 핑계로 해 보고 정말 열심히 사역했다.

그런데 어느 순간부터 사역을 하는데 내 마음에 기쁨과 평안이 없어져갔다. 나는 점점 지쳐갔다. 결국, 나는 사역을 완전히 그만두기로 마음먹었다.

사역을 잘하고 있던 내가 왜 이렇게 됐을까?

그때는 몰랐다. 나중에 알게 된 사실은 하나님께서 주시는 은혜 없이 사역을 내 힘으로 감당하려다 보니 한계점이 온 것이었다.

나는 내가 뭔가를 해 보고 싶었다. 부흥을 일으켜서 이름 있는 사역자가 되고 싶었다. 하지만 그것은 내 욕심이었고 내 꿈이었다. 나는 철저하게 밑바닥으로 내려갔고 나는 사역을 내려 놓기로 마음먹었다.

그렇게 나는 4개월 동안 사역을 쉬었다. 더 이상 사역을 하지 않기로 마음먹고 부모님이 계시는 거제도로 내려갔다. 아내와 말 못하는 첫 딸을 뒤로 하고 거제도에 있는 조선소에 조그마한 협력업체에 다니기 시작했다.

1달을 그렇게 다녔을까?

내 마음은 편하지 못했다. 하나님께 죄송스러운 마음이 가득했다. 매일 새벽 4시 30분에 일어나서 조선소에서 오는 차를 타러 걸어 가야 했다. 그런데 그 거리가 꽤 걸렸다. 15분을 걸어 가야 했다. 추운 겨울날 바닷 바람을 맞으며 머리까지 꽁꽁 싸맨 채로 혼자서 새벽길을 걸어 갔다. 그렇게 1달 동안 그 길을 걸어 가면서 속으로 빌고 또 빌었다.

"하나님, 죄송합니다. 하나님, 죄송합니다."

그날도 어김없이 새벽 4시 30분에 일어나서 옷을 둘둘 말아 입고 완전무장을 한 채로 길을 나섰다. 그렇게 혼자 걸어 가면서 속으로 외쳤다.

"하나님, 죄송합니다. 하나님, 죄송합니다."

그렇게 가는데 그날 따라 달이 너무 환하게 비쳤다. 달을 쳐다 보면서 가는데 그때 내 마음 가운데 하나님께서 내 죄를 용서해 주셨다는 마음의 확신과 함께 마음에 기쁨과 평안이 물밀듯 흘러나왔다. 그리고 나는 울면서 그 길을 걸어 갔다. 그때 나는 깨달았던 것이다.

"아~ 하나님께서 내 죄를 용서해 주셨구나."

그래 다시 시작하자!

그날 모든 것을 정리하고 나는 부모님께 다시 사역의 길을 가겠다고 선포했다. 그때 나는 실패한 것 같았지만 실패가 아니었다. 하나님께서는 나에게 아주 중요한 걸 가르쳐 주셨다.

"너를 위해 살지 말고 나를 위해 살아라."

나는 마음을 단단히 고쳐먹고 하나님께서 주시는 은혜로 모든 사역을 감당해야겠다고 생각했다. 그렇게 나는 사역을 다시 시작했다.

또 한 번의 위기가 온 적은 신학대학원을 졸업할 때였다. 나는 그 당시 헬스에 완전히 빠져 있었다. 신학대학원을 다니면서 헬스장에서 매일 2시간씩 운동을 했다. 나는 또다시 꿈을 꾸기 시작했다.

'헬스를 접목해서 헬스 목회를 하면 어떨까?'

그래서 생각한 게 교육 전도사를 1년 더 하면서 평일에는 헬스 트레이너로 일을 하려고 마음 먹었다. 하지만 1년 동안 교육 전도사를 하면서 일을 하는 것이 좀처럼 쉽지 않았다.

내 마음 안에 하나님보다 헬스를 더 사랑하는 마음이 있었고 하나님을 벗어나려고 하는 불신앙이 있다는 것을 깨달았다. 나는 하나님의 이름으로 내 꿈을 꾸려고 했다.

하지만 그것은 하나님께서 나에게 원하시는 것이 아니었다. 나는 다시 마음을 고쳐 잡았다. 더 이상 나를 위해서가 아니라 하나님을 위해서 살아가겠노라고 기도하며 또 기도했다. 그렇게 정리를 하고 전임 사역지에 뛰어 들었다.

당신은 현재 어떤 꿈을 꾸고 있는가?

그리고 그 꿈은 누구를 위한 것인가?

사명자는 하나님을 위해 꿈을 꿔야 한다.
하나님을 위해 꾸는 꿈이야말로 참 행복이요 기쁨이다.

2. 윌리엄 윌버포스의 사명!

윌리임 윌버포스는 영국의 노예제도 폐지를 위해 한 평생을 달려온 영국 정치인이다. 그가 평생 동안 노예 제도 폐지를 위해 달려올 수 있었던 이유는 하나님께서 주신 사명이라고 생각했기 때문이다.

그 당시 영국은 세계에서 제일가는 노예 무역국이었다. 그 당시 바다를 정복하고 있었던 영국은 아프리카에서 잡아 온 흑인들을 팔아넘기며 큰돈을 벌고 있었다. 국가 재정의 3분의 1을 노예 무역에 의존할 정도였다.

그 당시 노예 무역이 비인간적이라며 지적을 하는 사람들은 국익에 어긋난다는 이유로 매국노 취급을 받았다. 그래서 노예 무역 폐지를 외치는 것은 정치판에서 자살행위를 하는 것이나 마찬가지였다.

27살이 윌비포스는 그런 시대에 당당하게 노예 무역 폐지 법안을 내놓았다. 하지만 주변의 반응은 싸늘했다. 아무도 윌버포스의 손을 들어주지 않았다. 오히려 많은 사람이 윌버포스를 압박했다. 두 차례의 암살 시도가 있었고 온갖 비난과 비판이 그를 따라다녔다.

그러나 윌버포스는 포기하지 않았다. 그의 노력은 조금씩 사람들의 마음을 움직이기 시작했고 1807년, 드디어 노예 무역을 금지하는 법안이 의회에 통과되었다. 노예 무역 폐지를 외친 지 20년 만에 일어난 일이었다.

하지만 윌버포스는 여기서 만족하지 않고 영국의 모든 노예를 해방시키기 위해 계속해서 싸워 나갔다. 그리고 1833년, 그의 나이 72세에 드디어 영국의 모든 노예를 1년 안에 해방시킨다는 법안이 의회를 통과했다. 그리고 윌버포스는 이 일이 성취되는 것을 보고 3일 뒤에 숨을 거두었다.

윌버포스가 노예제도 폐지를 위해 평생을 달려올 수 있었던 이유는 하나님께서 자신에게 주신 사명이라고 생각했기 때문이다. 윌버포스를 통해 우리가 알 수 있는 사실이 한 가지 있다.

하나님께서 윌버포스에게 노예제도 폐지 사명을 주셨던 것처럼 우리에게도 평생의 사명을 주셨다는 사실이다. 하나님께서는 당신을 통해 일하기를 원하신다. 당신을 통해 세상을 변화시키기 원하신다. 우리는 하나님께서 주신 평생의 사명이 무엇인지 찾아야 한다.

3. 하나님께서 주신 사명을 우리는 어떻게 알 수 있을까?

1) 당신이 가장 잘하는 것이 무엇인가?

하나님께서는 모든 사람에게 재능을 한 가지 주셨다. 그 재능은 나에게도 있고 당신에게도 있다. "목사님, 저는 정말 잘하는 게 하나도 없습니다"라고 말하는 친구가 있을지 모른다. 그렇다고 하더라도 반드시 종이 한 장 차이만큼 잘하는 것이 있다.

나는 원래 글을 잘 쓰지 못하는 사람이었다. 어릴 때 글짓기 대회 나가서 상을 받아 본 적이 한 번도 없다. 글 쓰는 것에 관심도 없었다. 하지만 책을 읽기 시작하면서 나에게 글쓰기 재능이 있다는 사실을 깨달았다. 나에게는 무엇인가 표현을 할 때 사람들에게 쉽게 이해되도록 표현하는 재능이 있었다.

그런 나를 보면 어머니께서 진지한 표정으로 외치시곤 한다.

"맥아!

너 정말 하나님께 감사드려야 해. 할렐루야!"

어머니께서는 나를 너무나 잘 아시기 때문이다. 처음 사역을 나갔을 때 했던 설교가 아직도 기억난다. 내 설교는 말 그대로 엉망진창이었다. 그럴 수밖에 없었다. 한 번도 안 해본 것을 했기 때문이다.

유초등부는 그림이라도 있는데 청소년부는 그런 것도 없었다. 어떻게 설교를 해야 할지 전혀 알지 못했다. 그렇다고 주변에 도움을 요청할 수도 없었다. 나는 그렇게 설교를 시작했다. 설교하는 한 주가 두려웠다. 무슨 말을 해야 할지 … 너무 어려웠다.

사역 한 지 1년이 지나고 나는 변해야 한다고 진지하게 생각했다. 그때부터 닥치는 대로 책을 읽기 시작했다. 다양한 책들을 읽었다. 특히 청소년 설교집들을 사서 마구마구 읽기 시작했다. 내가 좋아하던 목사님의 동영상을 매일 틀어넣고 내용을 분석하고 따라 하기를 반복했다. 그 목사님의 말투와 표정까지 따라 했다.

나는 점점 달라지기 시작했다. 그렇게 반복하고 연습하다 보니 어느 순간 설교를 할 때 어떻게 해야 청중이 듣고, 어떻게 해야 지루해하지 않고 말씀을 끝까지 들을 수 있을지 감이 오기 시작했다.

마침내 점점 내 설교가 사람들의 귀에 들리기 시작했다. 그렇다고 내가 설교를 잘하는 건 아니다. 다만 다른 사람보다 표현을 쉽게 할 수 있는 재능이 있다는 것을 알게 되었다.

내가 하고 싶은 말은 당신에게도 재능이 있다는 것이다. 이 재능은 태초 전부터 하나님께서 당신에게 주신 것이다. 하지만 아직 당신이 모르고 있는 이유는 이 재능을 깨워서 훈련하고 있지 않기 때문이다.

재능을 깨우는 것은 경험과 실패를 통해 나 자신을 끊임없이 반복해서 훈련하는 것이다. 나는 지금도 글을 잘 쓰기 위해 설교를 잘하기 위해 끊임없이 연습하고 있다.

당신은 어떠한가?

하나님께서 당신에게 주신 재능을 썩히고 있지 않은가?

내가 하나님을 위해 잘할 수 있는 것이 무엇이 있는지 찾아보았는가?

그것이 하나님께서 당신에게 주신 재능이라는 것을 잊지 마라.

2) 당신의 가슴을 두근거리게 만드는 것은 무엇인가?

당신은 무엇을 할 때 시간 가는 줄 모르고 일을 할 수 있는가?

얼마 전 여학생 한 명과 대화를 했다. 그 여학생이 이렇게 말했다.

학생: 목사님, 저 말씀드릴 게 있어요.

나: 그래? 말해 봐.

학생: 제가 오랫동안 진로에 대해 고민하고 있었거든요. 원래는 경영학과를 가는 게 제 목표였는데 지금은 진로를 체육 쪽으로 바꾸려고 하고 있어요.

나: 체육? 오~ 너 평소에 운동 좋아하잖아!

학생: 네, 목사님. 저는 앞으로 성공하려면 경영학과에 가야 한다고 생각했어요. 하지만 저는 운동을 할 때 너무 좋거든요. 제가 잘할 수 있기도 하고요. 그래서 고민 끝에 체육을 전공으로 준비하려고 해요.

나: 정말 잘 생각했어. 목사님은 네가 체육을 전공으로 하는 게 훨씬 좋을 것 같아. 네가 제일 잘 할 수 있고 질리지 않고 할 수 있는 것이 체육이라면 도전해 보자. 목사님도 응원할 게.

학생: 네! 감사합니다. 목사님.

그 여학생이 나에게 와서 했던 말은 진로에 대한 고민이었다. 원래 그 여학생은 경영학과에 가고 싶어 했다. 경영학과에 가서 나중에 CEO가 되는 것이 성공한 인생이라고 생각했다. 그래서 매일 미친 듯이 공부했다.

하지만 공부하면 할수록 '내가 경영학과를 가는 것이 정말 행복한 걸까'라는 생각이 들었다고 한다. 그래서 목사님께서 자주 말씀하셨던 내가 제일 잘 할 수 있고 열정적으로 할 수 있는 것이 무엇인지 고민했더니 머리에 떠오른 것이 운동이었다.

평소에 운동을 너무 좋아했지만 전공으로 할 생각은 한 번도 못해 봤는데 내가 가장 좋아하고 잘할 수 있는 것이 무엇인지 고민하니 운동이 제일 먼저 떠올랐던 것이다. 그리고 고민 끝에 앞으로 내가 평생 열정 있게 할 수 있는 일을 하기로 결심했던 것이다.

이렇게 우리의 가슴을 두근거리는 것이 있다.

당신은 무엇을 할 때 가슴이 두근거리는가?

당신은 무엇을 할 때 시간 가는 줄 모르고 일을 할 수 있는가?

그것이 하나님께서 당신에게 주신 꿈이다. 나는 글을 쓸 때 즐겁다. 너무 즐거워서 시간 가는 줄 모르고 쓴다.

24시간 중에 20시간 동안 글을 써 본 적이 있는가?

그때가 공휴일이었는데 하루 종일 글을 썼다. 피곤하지 않았고 오히려 너무 재미있었다. 어느새 시간은 저녁 12시를 가리키고 있었다. 새벽 기도를 가야 하기에 잠자리에 누웠는데 글을 계속 쓰고 싶어서 잠을 잘 수 없었다.

나는 다시 컴퓨터 앞에 앉아서 밤새도록 글을 썼다. 그런데 신기하게도 밤새도록 글을 쓰는데 지루하지가 않았다. 너무 즐겁고 신났다. 그날은 그렇게 밤을 새며 글을 쓰고 새벽 기도를 갔다 왔다.

당신은 무엇에 열정이 있는가?

그 열정은 하나님께서 주신 것이다. 당신의 열정이 가는 곳에 하나님의 계획하심이 있다는 것을 명심하라.

다만! 당신의 열정이 하나님께서 주신 것이 아니라 당신의 탐욕과 쾌락을 위한 것이라면 하루빨리 멈춰야 한다.

친구: 목사님! 저 요즘 롤을 많이 하고 있는데 다이아 갔어요.

나: 다이아? 와, 엄청 열심히 했구나.

친구: 네! 목사님. 저 그래서 진지하게 고민 중이에요.

나: 응? 무슨 고민?

친구: 네, 저 프로게이머가 되고 싶어요. … 롤을 볼 때마다 심장이 두근거려 미칠 것 같아요.

나: 아 … 그랬구나. 하나님께서 어떻게 생각하실지 생각해 봤어?

친구: 음 … 그것까지는 생각 못 해 봤어요.

나: 하나님께서는 우리에게 열정을 주신다. 그런데 만약 그 열정이 하나님께 영광을 올려 드리지 못하는 것이면 이것이 하나님께 왔는지 내 욕심인지 생각해 봐야 해.

친구: 아! 네, 알겠습니다. 목사님! 기도하겠습니다.

나: 그래! 목사님도 기도하마.

하나님께서는 열정을 주신다. 심장이 두근거리게 만드신다. 하지만 분별을 잘해야 할 것이 있다. 내 욕심과 열정이 하나님께서 주신 열정으로 착각할 때가 있다. 내 이기적인 탐욕과 열정은 하나님께서 주신 것이 아니다.

만약 당신이 하나님의 영광을 가로막는 것에 열정이 있다면 그것이 하나님께로 온 것인지 기도하라. 그리고 하나님께로 온 것이 아니라면 과감히 멀리하라. 당신은 분별할 수 있다. 말씀과 기도로 나아갈 때 하나님께서는 그것이 내 욕심인지 하나님께서 주신 것인지 깨닫게 하신다.

3) 당신의 부담감은 무엇인가?

제자 훈련을 하고 있을 때였다. 함께 꿈에 대해 이야기하고 있는데 학생 한 명이 이렇게 말했다.

학생: 목사님. 저는 꿈이 한 가지 있습니다.

나: 그래? 기대되는 걸. 말해 봐.

학생: 네. 목사님! 저는 의료 선교사가 되고 싶습니다. 어릴 때부터 가난한 나라에 살면서 고통받는 아이들을 보면 마음이 너무 아팠어요. 아이들을 볼 때마다 너무 불쌍했어요. 그래서 저는 어릴 때부터 의료 선교사가 돼서 많은 나라를 돌아다니며 아이들을 치료해 주고 싶어요.

학생: 와~ 멋지다. 하나님께서 OO에게 너무 좋은 부담감을 주셨네. 우리 함께 기도하면서 최선을 다해 준비하자. 목사님도 기도할 게. 힘내자!

학생: 네. 목사님. 감사합니다.

이 학생은 어릴 때부터 의료 선교사가 꿈이었다. 이 학생은 TV를 보다가 해외에서 어린아이들이 고통받으며 죽어 가는 모습을 보게 됐는데 너무 가슴이 아팠다고 했다. 매일 어린아이들이 생각났다고 했다. 그리고 시간이 점점 지나면서 이것이 하나님께서 주신 부담감이라고 확신했고 의료 선교사가 되어야겠다고 결심했던 것이다.

하나님께서는 당신에게 부담감을 주신다.

당신은 현재 어떤 부담감을 가지고 있는가?

하지만 오해하면 안 되는 게 한 가지 있다.....

친구: 목사님! 저 요즘 부담감이 하나 있어요….

나: 응? 먼데? 말해 봐.

친구: 네 … 목사님 … 저 요즘에 고 1에 OO이 계속 제 마음에 부담감으로 다가와요. 계속 마음이 가고 신경이 쓰여요.

나: 아 … 그럼 그 친구를 위해 같이 기도하자 … 그 부담감도 하나님께서 주신 거야.

친구: 아 … 네 … 목사님. 제가 그 친구를 좋아해야 하거나 그런 건 아니겠죠?

나: 응 … 당연히 아니야. 하나님께서 부담감을 주실 땐 기도하라고 주시는 거지 사랑에 빠지라고 주시는 것이 아니야

친구: 아 … 네! 목사님, 감사합니다. 명확해졌어요.

나: 그렇다고 그 친구한테 가서 "나 너에 대한 부담이 있는데 널 위해 기도할게" 하면 그 친구가 더 부담 가질 거야. 그러니 넌 아무도 모르게 기도하는 거 티 내지 말고 하나님께 가서 기도하렴.

친구: 넵! 알겠습니다. 목사님!

하나님께서는 우리에게 부담감을 주신다. 하지만 그 부담감은 내 개인의 욕심과 목적을 위해 주시는 부담감이 아니라는 것을 명심하자. 하나님께서는 이웃을 향해 친구를 향해 공동체를 향해, 나라와 열방을 향해 부담감을 주신다.

하나님께서 당신에게 부담감을 주시는 이유는 당신을 하나님의 도구로 쓰시기 위함이다. 하나님께서는 당신의 헌신된 삶을 통해 가족이 변화되고 친구가 변화되고 학교가 변화되고 대한민국이 변화되기 원하신다.

하나님께서 당신에게 주시는 부담감은 무엇인가?

그것이 곧 하나님께서 당신에게 주신 사명이며 당신을 향하신 하나님의 계획하심임을 기억하자.

4. 하나님께서는 당신을 향한 특별한 계획하심이 있다

당신이 사명자라는 확신이 생겼는가?

그렇다면 이 사실을 기억하라. 하나님은 당신을 향한 특별한 계획하심이 있다. 나는 오랜 시간 동안 하나님께 기도했다.

"제발 제 길을 가르쳐 주세요. 그러면 안 답답할 것 같습니다."

나는 하나님께서 미래에 대한 응답을 조금이라도 말씀해 주시기를 원했다. 하지만 그렇게 기도할 때마다 하나님은 침묵으로 일관하셨다. 답답하고 의아했다. 조금이라도 길이 보이면 열심히 해서 갈 텐데 하는 생각이 내 머릿속을 지배했다.

나는 많은 시행착오를 겪었다. 때로는 10대 전문 사역자가 되어서 기관에 들어가서 일을 해야 하는 것 내 사명인 줄 생각했다. 때로는 헬스 목회를 하는 것이 내 사명인 줄 생각했다. 때로는 사역을 그만두는 것이 하나님의 뜻이라고 생각했다.

나를 향한 하나님의 계획하심을 알고 싶었지만 하나님께서는 그 부분만큼은 철저하게 침묵하셨다.

당신도 그렇지 않은가?

내가 무엇을 할지 알고 싶은데 하나님은 침묵하시지 않는가?

세상 사람들은 점이라도 보러 가는데 우리는 그렇게 할 수도 없다.

그렇다면 우리는 미래에 대한 불안감을 어떻게 이겨 내고 미래를 준비할 수 있는가?

내 재능이 뭔지 모르겠고 하나님께서 나를 향하신 꿈이 도저히 뭔지 모르겠다면 이것 한 가지만은 꼭 기억하라!

하나님께서는 당신을 향한 특별한 계획하심을 가지고 계시고 지금도 현재진행형이라는 사실을!!

당신의 불안함에 상관없이 하나님은 자기 백성을 주목하시며 인도하신다.

그러니 불안해 하지 말고 믿자!.

하나님께서 나와 함께 하심을 믿고 내 눈이 보이지 않는 곳에서 하나님께서 일하고 계심을 믿자!

그리고 지금 처한 환경에서 내가 할 수 있는 일에 최선을 다하자!

하나님의 영광을 위해 현재 나에게 맡겨진 일에 최선을 다하자!

하나님께서 당신을 인도하고 계신다. 그래서 우리는 언제든지 하나님께서 나를 쓰실 수 있도록 내가 맡은 일에 최선을 다해야 한다. 하나님은 준비되지 않은 자를 쓰지 않으신다.

다만 하나님의 강한 훈련이 기다리고 있을 것이다. 그 사람이 하나님의 신호를 알아들을 때까지 밀이나. 그러니 복삽하게 생각하지 말고 하나님께서 나를 인도하심을 믿고 지금 있는 자리에서 최선을 다하자. 시간이 지나보면 하나님께서 인도하셨던 흔적이 보일 것이다.

5. 지금 이 순간 당신은 사명자다

나는 한 교회의 담임목사가 되는 것이 성공인 줄 알았다. 하지만 그것은 나의 착각이었다. 나는 담임목사가 되지 않고서도 이미 사명자로서 내가 있는 자리에서 최선을 다해야 한다는 것을 깨달았다. 많은 고등학생이 이런 말을 한다.

"고등학교 때까지는 공부에 집중하겠습니다. 대학교 올라가면 열심히 교회 다닐께요."

고등학생이면 예배를 빠져도 되고 신앙생활을 등한시해도 된다는 착각을 하고 있다. 하지만 사명자는 대학 가서 사명자가 되고 직장에 취직해서 사명자가 되는 것이 아니다.

지금 이 순간이 곧 사명자이다. 나는 지금 이 순간 하나님의 뜻을 위해 최선을 다해 살아가는 사명자가 되어야 한다. 나는 지금 이 순간 예수님의 사랑을 전하는 사명자가 되어야 한다. 나중은 없다. 지금이 중요하다. 미래에 어떻게 될지 불안해하지 말자.

예수님께 목숨 걸면 당신의 미래를 예수님께서 인도하신다. 과정을 궁금해하지 마라. 예수님께서는 당신이 생각한대로 절대 움직이시는 분이 아니시다. 맘 편하게 한 가지 생각만 하자.

하나님께서 당신을 어떤 상황에서든지 이끄시며 인도하신다는 사실을 기억하자. 하나님은 그때 그때마다 당신을 향한 계획하심이 있다. 우리는 시간이 지나면 깨닫게 되는 경우가 많다.

"아! 하나님께서 나를 이렇게 인도하셨구나.

위대하신 하나님, 감사합니다."

이러한 고백이 저절로 흘러 나오게 된다. 미래를 불안해하지 말자. 하나님은 우리의 미래까지 알고 계시며 인도하신다.

오늘 내가 할 일에 사명자로서 최선을 다하자. 하나님께서 우리를 이끄시고 계신다.

우리 모두는 예수님의 사명자다. 아직 일어나지 않은 일에 두려워하지 말고 현재에 충실하자. 하나님께서 당신을 이끌어 가신다. 당신을 통해 공동체가 변화되고 부흥의 역사가 일어나기를 바란다.

20. 크리스천은 십계명! 지금도 지켜야 하나요?

얼마 전 첫째 딸이 나에게 와서 기분 좋은 목소리로 말했다.

딸: 아빠! 나 이제 키가 140센티미터가 넘어서 놀이공원에 가면 놀이기구 마음껏 탈 수 있어요

나: 와~ 그렇게 키가 컸어? 축하한다.

딸이 나에게 와서 자랑하고 싶었던 것은 키가 140센티미터 이상 커서 놀이기구를 마음껏 탈 수 있었기 때문이다.

당신은 놀이기구 타는 것을 좋아하는가?

난 놀이기구는 딱 질색이다. 예전에 젊을 때 멋모르고 놀이동산에 가서 놀이기구를 다 탄 적이 있는데 마지막에 탄 토네이도에서 내리고 난 후 화장실로 직행했던 기억이 있다. 놀이기구를 타려면 조건이 있다. 놀이기구가 요구하는 키를 넘어야 들어갈 수 있다.

왜냐하면, 키가 작은 어린이가 들어갔다가 자칫 잘못하면 놀이기구에서 떨어질 수도 있는 위험이 있기 때문이다. 놀이기구뿐만이 아니다. 영화관을 가서 영화를 볼 때도 내가 보고 싶은 영화를 마음껏 볼 수 있는 것은 아니다. 아직 고등학생은 청소년이기 때문에 청소년 관람불가의 영화는 볼 수 없게 되어 있다.

고등학교 2학년 때 있었던 일인데 아직도 기억이 난다. 그 당시 전국적으로 엄청난 인기를 끌었던 영화가 있었다. 바로 장동건이 주연으로 나왔던 〈친구〉였다. 그 당시는 청소년들 사이에서 화제의 영화였다. 그래서 나도 〈친구〉를 무척 보고 싶었다.

내가 부산 남자인데 영화가 부산을 주 무대로 하고 있었고 평소 내가 알고 있던 길거리가 나오는 게 신기하기도 했다. 무엇보다 사람들이 입에 침이 마르도록 칭찬을 하니까 더 보고 싶어졌다. 그래서 학교 친구들과 함께 영화 〈친구〉를 보려고 영화관에 갔다.

그런데 영화관에 가도 영화를 보려면 표를 사야 했다. 제일 중요한 관문이 남은 것이다. 친구 한 명이 말했다.

"누가 표 사러 갈래?"

그러자 신기하게도 친구들의 모든 시선이 한꺼번에 나를 향했다. 친구들 중 내가 제일 삭아 보였기 때문에 내가 매표소 앞에 가서 표를 살 수밖에 없었다. 최대한 어른스럽게 보이려고 옷을 다듬고 매표소 앞에 갔다.

나: 〈친구〉 보러 왔는데 표 4장 부탁합니다.
직원: 네! 그전에 신분증 좀 부탁드립니다.
나: 아~(놀라는 척) 신분증 집에서 놔두고 왔는데 어떻게 하죠?
직원: 신분증 들고 오셔야 해요.

다행히 직원 눈에 내가 고등학생처럼 보였나 보다. 아니면 나처럼 나이 속이고 영화를 보려고 시도했던 친구들이 많아 눈치를 챘을 수도 있다. 나는 그렇게 표를 사지 못하고 집으로 발길을 돌려야 했다.

스포츠에서도 승리를 하기 위해서 요건이 충족되어져야 한다.

당신은 야구를 좋아하는가?

야구를 할 때 공을 던지는 사람을 뭐라고 하는지 아는가?

바로 투수다. 투수는 보통 선발 투수, 중간 계투, 마무리 투수로 나눠 던진다. 그런데 여기서 선발 투수가 공을 던지러 나와서 공을 잘 던지고 팀이 이겼다고 해서 승리 투수가 되는 것이 아니다. 선발 투수는 9이닝 중 무조건 5이닝 이상 공을 던지고 팀이 이겨야 승리 투수의 자격을 얻게 된다.

놀이기구를 타려면 키가 커야 하고 청소년 관람 불가 영화를 보려면 신분증이 있어야 하며 승리 투수가 되려면 5이닝을 책임져야 한다. 이렇듯 무슨 일을 할 때 필요한 요건이 충족되어져야 한다.

1) 하나님께 십계명을 받은 이스라엘

하나님께서는 이스라엘 백성을 애굽 땅에서 건져내셨다. 이제 이스라엘 백성은 하나님께서 인도하시는 젖과 꿀이 흐르는 가나안 땅으로 가면 된다.

그런데 하나님께서는 이스라엘 백성을 가나안 땅으로 바로 보내지 않으시고 시내산으로 부르신다. 하나님께서 이스라엘 백성을 시내산으로 부르신 이유는 이스라엘 백성과 언약을 맺기 위해서였다.

> 세계가 다 내게 속하였나니 너희가 내 말을 잘 듣고 내 언약을 지키면 너희는 모든 민족 중에서 내 소유가 되겠고 너희가 내게 대하여 제사장 나라가 되며 거룩한 백성이 되리라 너는 이 말을 이스라엘 자손에게 전할지니라 (출 19:5-6).

하나님께서는 이스라엘 백성을 자신의 소유로 삼으시고 제사장 나라가 되며 거룩한 백성이 되게 하겠다고 말씀하셨다. 그런데 거기에는 한 가지 충족되어야 할 요건이 있다. 하나님의 말씀을 잘 듣고 언약을 맺어 지키는 것이다. 하나님께서는 이스라엘 백성에게 언약을 지킨다고 약속하면 당신의 백성으로 삼겠다고 말씀하신다.

하나님의 언약이 무엇인가?

바로 십계명이다. 십계명은 하나님께서 이스라엘과 언약을 맺으시며 하나님의 백성으로 반드시 지켜야 할 법이라고 말씀하셨다. 반대로 십계명을 무시해 버린다면 하나님의 백성임을 포기하는 것이었다.

그렇다면 하나님께서 이스라엘 백성에게 주신 십계명은 무엇인가?

(1) 하나님 외에 다른 신을 섬기지 말라.
(2) 우상을 섬기지 말라.
(3) 하나님의 이름을 망령되이 일컫지 말라.
(4) 안식일을 거룩히 지켜라.
(5) 부모님을 공경하라.
(6) 살인하지 말라.
(7) 간음하지 말라.
(8) 도둑질하지 말라.
(9) 네 이웃에 대하여 거짓 증거하지 말라.
(10) 네 이웃의 집을 탐내지 말라.

이것이 십계명이다. 하나님께서는 이스라엘 백성에게 십계명을 주셨다.

2) 목사님! 지금도 십계명을 지켜야 하나요?

그렇다면 여기서 우리는 한 가지 궁금한 점이 생긴다. 이스라엘 백성이 지키던 십계명을 지금 우리도 지켜야 할까? 예수님께서는 십계명에 대해 뭐라고 말씀하셨을까?

> 예수께서 이르시되 네 마음을 다하고 목숨을 다하고 뜻을 다하여 주 너의 하나님을 사랑하라 하셨으니 이것이 크고 첫째 되는 계명이요 둘째도 그와 같으니 네 이웃을 네 자신같이 사랑하라 하셨으니 (마 22:37-39).

예수님께서는 마음을 다하고 목숨을 다하고 뜻을 다해 하나님을 사랑하라고 하셨다. 예수님은 십계명을 온 마음 다해 하나님을 사랑할 때 지킬 수 있다고 말씀하셨다.

하나님을 사랑하는데 하나님 외에 다른 신을 섬길 수 있겠는가?
하나님을 사랑하는데 우상을 숭배할 수 있겠는가?
하나님을 사랑하는데 하나님의 이름을 함부로 부를 수 있겠는가?
하나님을 사랑하는데 안식일을 어길 수 있겠는가?
하나님을 사랑하는데 이웃을 사랑하지 않을 수 있겠는가?

이 모든 것을 하나님을 사랑함으로 넉넉히 거뜬하게 지켜낼 수 있다고 말씀하신다. 당신이 예수님의 보혈로 구원받은 하나님의 백성이라면 반드시 십계명을 지켜야 한다. 십계명을 억지로가 아닌 하나님을 사랑함으로 지킬 수 있게 되는 것이다.

사랑에 빠진 사람들을 보면 흔히들 눈에 콩깍지가 씌였다고 한다. 눈에 콩깍지가 씌면 내가 사랑하는 사람의 모든 것이 다 이뻐 보이고 사랑스러워 보인다. 내 앞에서 방귀를 껴도 트림을 해도 모든 것이 다 사랑스러워 보이는 것이다. 이처럼 하나님과 사랑에 빠지면 우리는 하나님의 말씀을 지키는 것이 어렵고 힘든 것이 아니라 감사하고 즐거운 것이 된다.

그런데 눈에 불순물이 끼면 하나님의 말씀이 다르게 보이고 지키기 어려운 것이 되어 버린다. 그렇기 때문에 우리는 항상 우리의 마음을 깨끗하게 해야 하며 악으로부터 멀어지는 삶을 살아야 한다. 그것이 내 영혼을 보호하며 하나님을 뜨겁게 사랑할 수 있는 유일한 길이다.

우리는 하나님이 말씀인 십계명을 가볍게 어겨서는 안 된다. 하나님의 말씀은 지금도 지켜져야 한다.

하나님을 사랑함으로 하나님께서 주신 계명도 감사함으로 즐겁게 지켜 나가자!

21. 크리스천은 다음 생애가 있나요?

얼마 전 TV를 보고 있었다. 예능 프로그램이었는데 한 가지 주제에 대해 이야기하고 있었다. 그 주제는 다음 생애에 다시 태어나도 지금의 남편과 아내와 결혼하겠느냐는 것이었다. TV 안에서는 서로 열띤 토론을 벌이고 있었다. 나는 TV를 보면서 한 가지 생각이 떠올랐다. TV를 끄고 아내를 불렀다.

나: 아내! 나 질문 하나 해도 돼?

아내: 응? 나 지금 바쁜데 뭔데요?(음식 만드는 중)

나: 아~ 그게 말이지, 당신 만약에 다음 생애 태어나면 나랑 결혼할 거야?(긴장 …)

아내: 응?... (당황) … 아.. 그게 말이지(곰곰이 생각 중), … 음 나 다음 생애에 태어나면 혼자 살 거야(혼자 크게 웃음).

나: 뭐지(삐침). …

아내: 아니 아니 … 당연히 결혼하겠지 … 혼자 살아도 보고 싶어서 한 말이야. …

나: 하 … 좀 서운하네. …

아내: 그럼 당신은 어떻게 할 건데? 나랑 결혼 할 거야?

나: 난 당연히 결혼한다.

아내: 아?(당황) … 하하하.

웃으면서 이야기를 마무리했지만 아내의 본심을 알 수 있었다. 앞으로 내가 더 잘해야 할 것 같다. 지금 내가 당신에게 이 이야기를 하는 이유는 딱 하나다.

과연 우리에게 다음 생애는 있는가?

우리에게는 두 번째 인생이 있는가?

나는 이 질문에 대한 답을 YES 또는 NO라고 말하겠다.

당신은 꼭 명심해라. 당신이 생각하는 두 번째 인생은 없다. 내가 죽고 나면 다시 태어나 아내를 다시 만나서 사랑을 하고 결혼할 수 있는 두 번째 인생은 결코 일어나지 않을 것이다.

하지만 우리가 죽으면 또 다른 인생이 우리를 기다리고 있다. 바로 천국과 지옥이다. 인간은 죽으면 다시 태어나는 것이 아니라 천국과 지옥에 가게 된다. 그런데 중요한 것은 인간이 이 땅에서 어떻게 살아가느냐에 따라 천국으로 갈지 지옥으로 갈지 결정된다는 것이다. 그리고 천국과 지옥은 영원한 곳이다. 한 번 들어가면 영원히 나올 수 없는 곳이 천국과 지옥이다.

당신은 누군가를 사랑할 때 뭐라고 고백하는가?

"영원히 너만 사랑할 거야"라고 말할 것이다. '영원'이라는 단어는 로맨틱한 고백을 할 때 멋지게 쓰이기도 한다. 반대로 '영원'은 상당히 무서운 단어이기도 하다. 나는 아이들에게 '영원'이라는 단어가 얼마나 무서운 단어가 될 수 있는지 꼭 한 가지 이야기를 해 준다.

나: 얘들아!! '영원'이 얼마나 무서운 단어인 줄 아니?

친구들: 네? 잘 모르겠어요.

나: 목사님이 너희에게 한 가지 임무를 줄 거야.

친구들: 네! 뭐예요. 목사님?

나: 응! 너희 해운대 해수욕장 알지?

친구들: 네! 목사님.

나: 여기서 거기까지 걸어서 가려면 얼마나 걸릴까?

친구들: 이틀은 걸릴 것 같은데요?

나: 너희는 지금부터 해운대까지 걸어 가서 모래사장에서 모래 한 알을 주워서 우리가 있는 곳까지 걸어와야 해. 그럼 시간이 얼마나 걸릴 것 같아?

친구들: 음 … 일주일 걸릴 것 같은데요.…

나: 너희가 해운대 모래사장에 모래알이 하나도 남김없이 없어질 때까지 매일 대구에서 해운대까지 모래 한 알씩 옮긴다고 생각해 봐. 시간이 얼마나 걸릴 것 같아?

친구들: … 음 … 목사님 계산이 안 되는데요? 1억 년?

나: 목사님도 모르겠다. 하지만 엄청난 시간이 걸릴 거야 그치?

친구들: 네! 맞아요!

나: 모래알을 언제 다 갖다 놓을까 하는 생각이 들어도 결국엔 끝이 있어.

하지만 너희 그거 아니?

'영원'은 끝이 없단다. … 천국과 지옥에 들어가면 영원히 그곳에서 지내야 하는 거야 ….

친구들: 아, …(다들 침묵).

해운대 모래알을 한 알씩 내가 있는 곳까지 걸어서 옮긴다면 엄청난 시간이 걸릴 것이다. 하지만 결국, 끝은 있다.

그러나 영원은 끝이 없다는 것을 당신은 아는가?

우리가 살아가는 이 땅에서 내가 어떤 인생을 보내느냐에 따라 우리의 영원한 인생이 결정된다는 사실을 알아야 한다.

당신은 현재 어떤 인생을 살아가고 있는가?

1) 천국과 지옥은 누구를 믿느냐에 따라 결정된다

천국과 지옥은 누구를 믿느냐에 따라 가는 곳이 달라진다.
그렇다면 천국은 누구를 믿을 때 들어갈 수 있을까?
예수님께서는 이렇게 말씀하셨다.

> 예수께서 이르시되 내가 곧 길이요 진리요 생명이니 나로 말미암지 않고는 아버지께로 올 자가 없느니라(요 14:6).

인간은 원래 죽을 수밖에 없는 존재였다. 왜냐하면, 아담이 선과 악을 알게 하는 나무의 열매를 먹었기 때문이다. 하나님께서는 아담을 창조하시고 아담을 위해 에덴동산을 만드셨다. 아담은 에덴동산을 하나님 대신 다스리며 하나님의 영광을 위해 살아가도록 창조되었다. 하나님께서는 에덴동산에 있는 모든 것을 다스리게 하셨는데 선과 악을 알게 하는 나무의 열매는 먹지 말라고 하셨다. 하지만 아담은 하와가 건네준 선악과를 베어먹고 말았다.

하나님께서 선악과를 세우신 건 에덴동산의 진정한 통치자는 하나님이시라는 것을 말씀하시기 위해서였다. 아담과 하와는 에덴동산 가운데 있는 선과 악을 알게 하는 나무를 보며 하나님이 자신들의 통치자이심을 기억했을 것이다.

그런데 아담과 하와는 하나님처럼 된다는 뱀(마귀)의 유혹에 넘어갔고 선악과를 먹었다. 결국, 아담과 하와는 에덴동산에서 쫓겨났으며 이후로 모든 인간은 죄를 가지고 태어나게 되었다.

죄의 벽은 너무나 크고 거대해서 인간이 죄의 벽을 무너뜨리고 하나님께 가고 싶어도 갈 수 없었다. 그런데 놀랍게도 하나님께서는 죄의 벽을 깨뜨리시고 인간에게 구원을 주시기 위해 예수 그리스도를 이 땅에 보내 주셨다. 예수님께서는 우리가 하나님께 가는 길과 진리와 생명이 되신다.

예수님께서 나를 위해 십자가에 죽으시고 3일 만에 다시 부활하셨음을 믿고 예수님을 나의 왕으로 모실 때 우리는 구원을 선물로 받게 된다. 예수님을 믿는 사람들은 그다음 생애에 천국으로 가게 된다.

천국은 하나님께서 만드신 곳이며 하나님이 계시는 곳이다. 그곳에서 하나님과 영원히 살아가게 된다. 하지만 문제는 지옥이다. 죄를 해결하지 못한 인간들은 지옥에 갈 수밖에 없다.

그렇다면 지옥은 어떤 곳인가?

성경에서는 지옥에 대해 공통적으로 말하는 한 가지가 있다. 바로 뜨거운 불이다. 예수님께서 직접 지옥에 대해 말씀하셨는데 부자와 나사로가 있었다. 나사로는 거지였고 부자의 상에서 떨어지는 음식을 주워 먹었다.

둘 다 죽고 나사로는 천국에 가고 부자는 지옥에 갔다. 부자는 뜨겁게 타오르는 불 안에 갇혀서 발버둥 쳤다. 부자는 지옥 불이 얼마나 뜨거웠는지 나사로를 시켜 자신의 혓바닥에 물 한 방울만 찍어 달라고 애원한다. 지옥은 그런 곳이다. 뜨거운 불에서 영원히 고통받으며 절규하며 살아야 하는 곳이다.

2) 예수님을 믿는 사람들의 공통점은 구별됨이다

당신은 예수님을 믿기 원하는가?
지금 그 자리에서 이렇게 고백하자.

> 예수님!
> 감사합니다. 예수님께서 나를 위해 십자가에 죽으시고 다시 부활하신 것을 믿습니다. 예수님께서 나의 유일한 왕이시며 주인이심을 인정합니다. 예수님 저의 죄를 용서해 주시고 저를 구원해 주세요.
> 예수님의 이름으로 기도합니다. 아멘.

믿음으로 고백했는가?
아니라면 다시 한번 더 믿음으로 고백하라!
나는 아이들과 함께 제자 훈련을 할 때 가장 중요하게 생각하는 것이 한 가지 있다. 바로 '한 주 동안 하나님을 의식하기'이다. 제자 훈련을 시작하면 제일 먼저 내주는 숙제가 '한 주 동안 하나님을 의식하기'이다.

> 나: 얘들아. 한 주 동안 하나님을 의식하자.
> 학생들: 목사님! 하나님을 어떻게 의식하나요?
> 나: 네가 교회에서만 하나님을 생각하지 말고 학교에서도 집에서도 어디서든지 네 마음 중심에 하나님을 생각하고 행동하자는 뜻이야.
> 학생들: 네. 목사님.

처음에는 '하나님을 의식하기' 숙제를 내주면 아이들이 많이 어색해한다. 왜냐하면, 한 번도 삶에서 하나님을 의식해 본 적이 없기 때문이다. 아이들이 하나님을 의식하기 시작하면서 제일 많이 달라지는 것이 한 가지 있다. 바로 언어가 달라진다. 예전에 학생들이 제자 훈련을 하기 전 이렇게 말했다.

학생1: 야, 오늘 날씨 너무 개꿀이지 않니?
학생2: 맞아! 날씨 완전 개꿀이야. 우리 제자 훈련 마치고 산책 갈까?
학생3: 산책? 와 개꿀! 나도 같이 가자!
나: 개꿀?

아이들은 말끝마다 개꿀을 입에 달고 다녔다. 그다음 제자 훈련 수업이 시작되었고 주제는 언어였다.

나: 얘들아. 하나님께서는 우리가 하는 말을 모두 듣고 계신다. 이번 한 주 동안 말할 때 하나님을 한 번 더 생각하고 말하자.
학생들: 네! 목사님
나: 특히 너희가 많이 쓰는 '개꿀', '개 많이', '개 좋아' 앞에 '개'를 빼고 언어를 써 보자. '개'가 들어갈 때 욕처럼 들릴 수 있기 때문에 '개' 말고 더 괜찮은 말을 써 보자. 알겠지?
학생: 저기 … 목사님.
나: 응. 그래!
학생: 목사님. '개꿀'이란 말은 욕이 아닌데요? 사전에도 나와요!
나: 사전에도 나온다고?

'개꿀'이란 말이 욕이 아니라 사전에도 나온다는 말에 나는 급히 인터넷으로 검색을 했다. '개꿀'이란 단어는 정말 욕이 아니었다. '개꿀'은 '벌집에 들어 있는 그대로의 꿀'이라는 뜻을 가지고 있었다. 나는 정말 당황스러웠지만 그 친구에게 사람들 앞에 욕으로 들릴 수 있기 때문에 '개꿀'을 최대한 줄이자고 말했다.

우리는 평소에 쓰는 언어까지도 하나님을 의식하며 써야 한다. 내가 욕을 하고 싶고, 거친 언어를 쓸 수 있지만 그렇게 하지 않는 이유는 하나님께서 기뻐하시지 않기 때문이다.

욕을 하고 싶지만 하나님을 생각해서 하지 않는 것. 이것이 바로 구별됨이다. 예수님을 믿으면 예수님을 닮아 가게 된다. 예수님을 닮게 되면 세상 사람들과 달라질 수밖에 없다.

당신은 집에서, 학교에서, 학원에서, 교회에서, 당신이 있는 모든 곳에서 구별되고 있는가?

22. 평범한 사람 vs 재능 있는 사람! 하나님은 누구를 사용하실까?

예전에 TV에서 내 시선을 끄는 프로그램이 하나 있었다. 바로 〈영재발굴단〉이었다. 〈영재발굴단〉은 말 그대로 소문난 어린 영재들을 찾아가 그들의 생활을 들여다보는 프로그램이었다.

〈영재발굴단〉에는 많은 어린 영재가 나왔는데 다양한 분야에서 재능을 가지고 있었다. 그림 영재가 있었고, 수학 영재가 있었고, 우주 영재가 있었고 자전거 영재, 심지어 트로트 영재도 있었다.

아이들은 한 가지 분야에서 특출난 재능들을 가지고 있었고 프로그램에서는 그 아이들이 어떻게 해서 그런 재능을 보유하게 됐는지 자세히 관찰했다.

그중에서도 기억에 남는 아이가 한 명 있었는데 강현이라는 이름을 가진 아이였다. 이 아이는 작곡도 하고 수학도 하고 글까지 쓰는 영재였다.

내가 강현이를 주목한 이유는 단 하나였다. 강현이가 이런 말을 했는데 작곡을 할 때 머릿속에 만 개의 방이 있어서 좋은 멜로디가 나온다는 것이었다. 너무 신기했다. 어떻게 머리에 만 개의 방이 있단 말인가.

나는 그 순간 내 머릿속에는 몇 개의 방이 있는지 상상해 보았다. 나는 단 하나의 방도 생각나지 않았다. 나는 영재발굴단을 보면서 이런 생각이 들었다.

'나에게도 이 아이들처럼 한 가지 특출난 재능이 있다면 어떨까?'

그런데 뛰어난 재능을 가지고 있는 아이들의 삶이 마냥 행복한 것은 아니었다. 평범한 부모님이 아이들의 특출한 재능을 알아보지 못하고 오히려 아이의 재능을 살리지 못하고 있는 모습도 볼 수 있었다.

그래서 그 프로그램에서는 재능이 뛰어난 아이를 어떻게 지도하는 것이 올바른 것인지 부모를 교육하기도 했다. 여러모로 유익하면서도 흥미를 끄는 프로그램이었다. 나는 이 프로그램을 보고 이런 생각이 들었다.

'평범한 사람의 노력이 재능을 가진 사람보다 뛰어날 수 있을까?
하나님께서는 평범한 사람을 사용하실까?
재능 있는 사람을 사용하실까?'

결론부터 말하자면 하나님께서는 재능 있는 사람도 평범한 사람도 모두 다 사용하신다. 하지만 여기에는 한 가지 전제조건이 있다. 하나님께서는 재능이 있든 평범하든 하나님의 손길에 빚어진 사람을 사용하신다.

여기서 '빚어진다'라는 말이 무슨 뜻인가?

'흙 따위의 재료가 이겨져서 어떤 형태가 만들어질 때' 우리는 '빚어진다'고 말한다. 또 가루가 반죽되어 만두, 송편이 만들어질 때 '빚어진다'고 말한다.

누군가의 손에 의해 어떤 형태가 만들어질 때 '빚어진다'고 말하는 것이다. 하나님께서는 당신을 사용하실 때 반드시 빚으시는 작업을 하신다. 우리는 하나님의 손에 빚어질 때 비로서 하나님께서 원하시는 사람으로 쓰임 받게 되는 것이다.

1) 모세의 기구한 삶

모세를 보라. 모세처럼 기구한 삶을 살았던 사람이 있던가?

그는 부모에게 버림받았다. 부모가 모세를 버려야만 했던 이유는 애굽의 바로가 이스라엘에 태어나는 남자 아기들을 다 나일강에 던지라고 했기 때문이다.

모세의 부모는 3개월 동안 모세를 숨겼지만 더 이상 모세를 숨긴다는 것은 불가능한 일이었다. 어쩔 수 없이 나일강에 버려야 했다.

나는 〈요게벳의 노래〉를 좋아한다. 나는 그 노래를 들을 때마다 가슴이 울컥한다. 〈요게벳의 노래〉는 모세를 버려야 했던 엄마 요게벳의 마음이 어땠을지를 상상하며 지은 노래다. 노래 가사에는 모세를 생각하는 엄마의 간절한 마음이 나와 있고 그 마음이 나에게까지 전해져 그 노래를 들을 때마다 가슴이 울컥하곤 했다.

가사는 다음과 같다.

작은 갈대 상자 물이 새지 않도록 역청과 나무 진을 칠하네.
어떤 맘이었을까?
그녀의 두 눈에 눈물이 흐르고 흘러 동그란 눈으로 엄마를 보고 있는 아이와 입을 맞추고 상자를 덮고 강가에 띄우며 간절히 기도했겠지. 정처 없이 강물에 흔들 흔들 흘러 내려 가는 그 상자를 보며 눈을 감아도 보이는 아이와 눈을 맞추며 주저 앉아 눈물을 흘렸겠지.
너의 삶의 참 주인 너의 참 부모이신 하나님!
그 손에 너의 삶을 맡긴다.
너의 삶의 참 주인 너를 이끄시는 주 하나님!
그 손에 너의 삶을 드린다.
어떤 맘이었을까?
그녀의 두 눈엔 눈물이 흐르고 흘러 ….

　이 가사를 들으면 세 딸이 생각나고 아빠의 심정에서 눈물이 나오곤 했다. 모세는 부모에게 버려져 나일강에 빠져 죽을 인생이었다.
　하지만 그의 삶은 거기서 끝이 아니었다. 그는 바로 공주에게 발견되고 공주의 양자가 되어 애굽의 모든 교육을 배웠다. 모세는 앞길이 창창한 상당히 유능한 사람이었다. 그랬던 그가 한순간에 살인자가 되어 바로를 피해 미디안 광야로 도망치게 되었다.
　모세는 왜 하루 아침에 인생이 역전되어서 이 지경이 된 것일까?
　그는 자신의 뿌리인 이스라엘 민족을 도와주고 싶었다. 그러던 찰나에 이스라엘 한 사람이 애굽 사람에게 심하게 당하는 것을 보고 모세는 그 자리에서 애굽 사람을 쳐 죽인다. 그 사실을 숨기기 위해 모래 속에 감추었다.

그 다음 날 다시 나가 보니 이스라엘 두 사람이 서로 싸우고 있었다. 그것을 본 모세가 말리니까 오히려 그들이 따져 물었다.

"네가 우리의 재판장이냐, 애굽 사람을 죽인 것처럼 나도 죽이려고 하느냐?"

모세는 살인이 들통났다는 것을 알고 두려워하며 바로의 눈을 피해 도망쳤고 미디안 땅에 이르게 되었다. 그곳에 정착을 한 모세는 결혼도 하고 아이도 낳고 40년을 양을 치는 목자로 살아간다. 그리고 모세가 80살이 되었을 때 드디어 하나님을 만났다.

하나님께서는 모세를 만나시고 모세가 해야 할 일을 가르쳐 주셨다. 애굽으로 가서 이스라엘 백성을 구원하라는 것이었다. 그렇게 모세는 하나님의 말씀에 순종해서 애굽으로 향한다. 그렇다면 여기서 우리는 한 가지 질문을 해야 한다.

"왜 하나님께서 모세가 애굽의 왕자로 있을 때 사용하지 않으시고 80살이 된 양치는 자로 있을 때 애굽으로 가라고 하신 것인가?"

우리의 눈에는 40살 된 젊고 유능하며 권력의 중심부에 있는 모세를 사용하는 것이 훨씬 더 좋아 보인다. 모세 자신도 동족을 구하기 위해 뜻을 품었다. 그런데 하나님께서는 그런 모세를 미디안 광야로 내쫓으시고 40년 동안 양을 치게 하셨다.

왜 모세는 40년을 미디안에서 양을 쳐야 했던 것일까?

이것이 바로 하나님의 빚으심이다. 모세는 40년 동안 미디안 광야에서 철저하게 빚어짐을 당했다. 모세는 젊었고 힘이 있었고 유능했고 앞길이 창창했다. 하지만 그렇다고 해서 하나님께서 모세를 쓰실 수 있는 것은 아니었다.

모세는 겸손해져야 했고 낮아져야 했다. 그래서 철저하게 하나님의 말씀에 순종할 수 있는 사람이 되어야 했다. 하나님께서는 모세를 미디안 광야로 보내셔서 40년을 훈련시키셨다.

하나님께서 모세에게 이스라엘 백성에게 가라고 하셨을 때 모세는 무려 5번을 가지 않겠다고 거절했다. 성경을 볼 때 모세에게는 이런 마음이 있었다.

하나님!
제가 젊고 유능할 때 애굽에 왕자로 있을 때 이스라엘 민족을 돌아보려고 마음을 먹었을 때 왜 침묵하셨습니까?
지금 제가 가면 뭐가 되겠습니까?
저는 이제 힘이 없고 아무 것도 가진 것이 없는 양치는 나그네일 뿐입니다. 저는 못합니다. 할 수가 없습니다.

모세는 그렇게 5번을 거절했다. 방금 모세의 반응이 하나님께서 모세를 40년 동안 미디안 광야에서 빚으신 이유였다. 모세는 하나님 앞에서 '나는 할 수 없다'를 인정해야만 했다. 그것이 무려 40년이 걸린 것이다.

2) 스타 목사가 되고 싶던 나!

나는 전도사 때 내가 부흥을 일으킬 수 있다고 생각했다. 이미 하나님께서 성령을 부어 주셨기에 나만 열심히 하면 부흥이 일어날 수 있을 거라 생각했다. 그리고 눈에 보이는 엄청난 사역의 결과들이 일어났기에 이렇게 단계를 밟고 대형교회까지 가면 된다고 생각했다.

하지만 그것은 나의 철저한 교만이자 탐욕이었다. 나는 철저하게 하나님을 무시했다. 하나님께서 주시는 은혜로 사역을 감당해야 했지만 나는 하나님을 의지하기 보다 나를 더 믿고 내가 더 열심히 하면 된다고 생각했다. 가는 교회마다 풍성한 열매를 맺고 부흥을 시켜야 내 미래가 밝을 것이라고 생각했다.

나는 전국에서 유명한 목사가 되고 싶었다. 그리고 나는 충분히 그런 가능성이 있다고 생각했다. 하지만 어느 순간부터 내 에너지는 점점 고갈되기 시작했다.

사역은 풍성한 아름다운 열매를 맺고 있었지만 나는 힘을 점점 잃어 갔다. 에너지를 잃으면 다시 채워야 하는데 에너지를 다시 채워 넣는 방법을 몰랐다. 그렇게 나는 무너졌다. 결국 나는 사역을 그만 두기로 마음먹었다. 더 이상 이 힘든 일을 할 수 없다는 마음이었다.

하지만 이것 또한 하나님의 준비하심이었음을 이제 나는 안다. 나의 교만과 허영심과 탐욕과 이기심을 깨뜨리기 위한 하나님의 계획하심이었다. 나는 하나님의 손에 빚어지기 시작했다. 하나님께서는 5년이 넘게 나를 빚으셨다. 훈련시키셨다. 나의 부족함을 깨닫게 하셨고 나의 교만을 깨닫게 하셨고 나의 허영심을 깨닫게 하셨다.

그때는 그것이 하나님의 빚어짐인 줄 몰랐다. 하나님께서 나를 철저하게 낮추시는 것임을 몰랐다. 나는 하나님께 항복했다. 그리고 이렇게 고백했다.

"하나님!

저를 안 쓰셔도 됩니다.

저는 이름도 없이, 빛도 없이 살겠습니다."

하나님께서는 몇 년에 걸쳐 내 안에 스타 목사가 되고 싶은 열망과 탐욕들을 철저히 다듬으셨다. 더 이상 그런 생각이 들지 않도록 말이다.

'겸손해야 하는데'라는 마음이 아니라 아예 '나는 겸손할 것도 없는 아무 것도 아닌 그런 존재다'라는 생각이 들 정도로 하나님께서는 나를 낮추셨다. 나는 그렇게 빚어짐을 당했다. 이제 이런 고백이 흘러나왔다.

> 하나님!
> 저 안 쓰셔도 됩니다. 저 사역 그만 두라고 하면 그만 두겠습니다.
> 다만 하나님 나라를 위해 이 땅에 이름도 없이, 빛도 없이 저를 써 주세요.

이런 기도가 내 마음 속 깊이 흘러나왔다.
당신은 재능파인가?
평범한가?
기억해라. 하나님께서는 재능 있는 자도 쓰시고 평범한 자도 쓰신다. 중요한 것은 하나님의 손에 빚어진 자들을 쓰신다.
그렇다면 하나님의 손에 빚어진 사람들의 공통점은 무엇인가?

3) 당신은 겸손한 사람인가?

하나님의 손에 빚어진 자들은 겸손한 사람들이다. 하나님은 겸손한 사람을 사랑하신다. 모세는 그 누구보다 하나님 앞에 마음이 겸손한 사람이었다. 하나님께서는 그런 모세를 사랑하셨다.

당신은 겸손한 사람인가?

아니면 겸손한 척 하는 사람인가?

만약 당신이 겸손한 척하는 사람이라면 당신이 하나님의 손에 빚어지기를 기도해라. 그래서 겸손한 척이 아닌 정말 겸손한 사람이 되게 해 달라고 기도해라.

그 과정은 고통스럽고 힘들지 모른다. 하지만 하나님이 함께 하시는 곳이 언제나 천국이고 은혜임을 기억하면 충분히 이겨낼 수 있다. 그리고 겸손한 사람은 모든 사람에게 사랑받는다. 사람들도 안다. 겸손한지 겸손한 척하는 사람인지.

하나님 앞에 사람들 앞에 겸손한 사람이 되자.

4) 하나님 앞에 엎드리고 있는가?

하나님의 손에 빚어진 자들은 하나님께 철저하게 엎드리는 자들이다. 모든 일에 하나님을 의식한다.

하나님께서 기뻐하실까?

하나님께서 어떻게 생각하실까?

내가 이런 마음을 가지고 있는데 하나님께서 뭐라고 말씀하실까?

항상 하나님을 의식하고 있다. 나는 다윗이 좋다. 다윗은 사울을 죽일 수 있는 기회가 2번이나 있었지만 사울을 죽이지 않았다. 왜냐하면, 항상 하나님을 의식했기 때문이다. 사울을 죽이려고 해도 하나님을 생각하니 하나님의 기름부음을 받은 사람인데 죽일 수 없다고 생각했다. 이 마음이 하나님을 기쁘시게 한 마음이었다.

당신은 하나님을 의식하고 있는가?

항상 하나님을 의식하는 사람이 돼라. 하나님의 뜻을 먼저 묻고 행동하는 사람이 돼라. 그런데 이 말을 들으면 꼭 이런 질문을 하는 친구들이 있다.

친구: 목사님! 궁금한 게 있어요.
나: 그래^^ 물어보렴.
친구: 목사님. 그럼 밥 먹을 때도, 화장실 갈 때도, 씻을 때도 하나님께 물어보고 해야 해요?
나: 아 …친구야! 밥 먹고 싶을 땐 밥 먹고 화장실 가고 싶을 때 가서 일 보고 씻고 싶을 땐 가서 씻어! 그런데 네가 만약 무엇인가를 선택해야 하거나 결정해야 할 때 반드시 하나님의 뜻을 묻고 말하고 행동해라.
친구: 아! 목사님. 알겠습니다.

밥 먹는 거 하나님께 묻지 말자. 그냥 먹자. 맛있는 거 있으면 내 주머니 사정에 맞게 먹고 하나님께 감사드리자.

다만 어떤 상황에서 내가 어떤 결정을 해야 할 때 선택을 해야 할 때 하나님을 항상 생각하고 하나님께서 원하시는 것에 순종하자!

그것이 나에게 손해가 된다 할지라도 우리는 하나님의 백성이기 때문에 말씀에 순종해야 한다. 이것이 다윗의 선택이었다.

당신은 재능파인가?

평범한가?

기억해라. 하나님께서는 재능 있는 자도 쓰시고, 평범한 자도 쓰신다. 중요한 것은 하나님의 손에 빚어진 자들을 쓰신다. 하나님의 손에 빚어진 자들은 내가 높아지는 것을 두려워하는 사람들이다.

하나님의 손에 빚어진 자들은 하나님의 영광을 내가 대신 받는 것을 두려워하는 사람들이다. 하나님의 손에 빚어진 사람들은 어떤 상황 속에서도 하나님을 의지하며 말씀에 목숨 거는 사람들이다.

당신은 하나님의 손에 빚어지고 있는가?

그렇다면 감사하라. 하나님께서 당신을 귀하게 쓰실 것이다. 우리 모두 다 하나님의 손에 빚어져서 이 나라에서 열방에서 하나님의 귀한 도구로 쓰여지길 바란다.

23. 당신은 간절함이 있나요?

보통 평일 날 나의 하루 일과는 새벽 4시 30분부터 시작된다. 매일 새벽 4시 30분에 기상을 한 후 옷을 걸쳐 입고 머리를 가다듬고 새벽 기도를 간다. 그리고 새벽 기도가 끝이 나면 내가 가장 중요하게 생각하는 사역이 기다리고 있다. 바로 등교 사역이다.

등교 사역은 학생들 집 앞으로 가서 대기하고 있다가 학생들이 다니는 학교 앞까지 데려다주는 사역이다. 그리고 점심을 먹고 오후가 되면 중요한 사역이 있는데 바로 하교사역이다. 차를 타고 학생들이 다니는 학교 앞에 가서 대기하고 있다가 학생들을 태우고 집, 학원으로 데려다주는 사역이다.

3년째 늘 해 오고 있는데 등하교 심방을 하게 된 계기는 너무나 간절했기 때문이다.

내 인생 처음으로 전임 사역자가 되어 대구 화원교회에 왔다. 나는 고등부를 담당하게 되었고 처음으로 고등부 예배에 참석했다. 아직도 고등부 첫 예배가 기억난다.

너무나 많은 고등학생이 고등부실을 가득 메우고 있는 모습을 보면서 깜짝 놀라던 내 모습이 기억에 생생하다. 나는 학생들의 이름을 외우는 것부터 시작해서 학생들을 만나러 다녀야 했다.

그런데 문제가 있었다. 나는 시간이 흘러넘치는데 정작 학생들이 시간이 없었다. 학교 갔다가 마치면 야간 자율 학습을 하고 학원 가고 너무 바빴다.

'어떻게 해야 하지?'

고민하다가 마음이 너무 무거워져서 2주 동안 새벽 기도 때 울면서 기도했다. 2주 뒤 머리를 번쩍 스쳐 지나가는 것이 있었는데 바로 아침에 학생들을 집에서 학교로 태워다 주고 오후에는 학교에서 집으로 태워다 주는 것이었다.

담임목사님께 허락을 받고 부장집사님과 의논 후 등하교 사역을 하겠다고 발표했다. 그런데 선생님들의 반응은 의외였다. "와~ 목사님 대단하세요"보다 "아~ 목사님 힘드실 텐데 괜찮겠습니까"라는 염려와 걱정이 가득했다.

나: 등하교 사역 시작하겠습니다. 등하교 사역을 원하는 학생들 이름을 가르쳐 주세요.

교사: 아~ 목사님, 그게 말이 쉽지 힘드실 텐데 괜찮으시겠습니까?

나: 네! 열심히 하겠습니다. 기도 부탁드립니다.

교사: 알겠습니다. 파이팅!

그렇게 시작된 등하교 사역!

3년 동안 참 많은 에피소드와 추억이 있었다.

사역 초반 등하교 사역을 할 때 길을 몰라서(난 부산 남자다) 헤매다가 학생들이 지각했던 일도 있었다. 언젠가는 학생 집 앞에서 기다리고 있는데 약속을 까먹고 학생이 먼저 학교로 간 적도 있다.

이와는 반대로 내가 약속을 까먹고 있다가 학생에게서 연락이 와서 후다닥 옷을 입고 차 타고 간 일 그리고 학생이 조퇴했는데 모르고 학교 앞에서 기다리던 적도 있다.

그런데 내가 등하교 사역을 할 수 있었던 이유는 바로 간절했기 때문이다. 나에게는 간절함이 있었다. 아이들을 만나고자 하는 간절함이 너무 많았고 이 사역을 잘 감당해 내고 싶다는 간절함이 있었다. 그래서 현재 코로나 19 속에서도 하루도 빠짐없이 이 사역을 하고 있다. 내가 당신에게 말하고 싶은 것은 이것이다.

당신은 간절함이 있는가?

당신은 현재 무엇에 간절한가?

대한민국에서 가장 인기 있는 게임을 한 가지 꼽으라면 롤이다. 전국 PC방 점유율 1위 게임이 롤이다. PC방을 가면 거의 대부분의 학생들이 롤을 하고 있다.

나도 예전에 롤을 했던지라 아이들을 만나면 롤을 하는지 물어본다. 롤 티어가 뭐냐고 물어보는데 롤에는 아이언부터 챌린저까지 총 9개의 등급으로 나뉘어 있다. 가장 많이 분포되어 있는 등급이 브론즈랑 실버다.

만약 아이들이 예전에 내가 달성했던 실버1보다 등급이 낮으면 나도 모르게 어깨에 좀 힘이 들어간다. 그런데 나보다 더 위의 등급을 가진 아이들을 보면 "형님 존경합니다"하며 농담을 하곤 한다.

아이들이 게임할 때 눈빛을 본 적이 있는가?

간절함을 넘어 눈에 살기가 넘친다. 특히 승급전을 하는데 2승 2패 마지막 1경기에 따라 등급이 나뉠 때 아이들의 집중력과 간절함은 프로게이머 저리 가라고 할 정도의 모습을 보인다. 내가 말하고 싶은 것은 간절함이 있는 사람은 눈빛부터가 다르다. 마음가짐이 완전히 다르다. 그런 사람은 무슨 일을 해도 기본은 한다.

지금 내가 당신에게 말하고 싶은 것은 한 가지다.

그렇다면 당신은 하나님을 향한 간절함이 있는가?

사람마다 간절한 게 다를 수 있겠지만 모든 크리스천은 하나님께 간절해야 한다. 하나님을 생각하면 우리의 눈빛부터가 달라져야 한다. 예수님의 이름이 나오면 생동감이 넘쳐야 한다. 살아있는 눈빛이 되어야 한다.

우리의 간절함을 다른 곳에 쏟지 말고 하나님께 쏟아내야 한다. 간절함이 있는 사람은 눈빛부터가 다르다. 기도하는 것부터가 다르다. 설교 시간에 말씀을 듣는 것부터가 다르다.

간절함이 없으면 그것은 죽은 믿음이다. 믿음에는 간절함이 꼭 따라오게 되어 있다. 하나님의 말씀을 듣고자 하는 간절함, 하나님을 만나고자 하는 간절함, 예수님의 말씀을 따라 살고자 하는 간절함, 복음을 전하지 않고는 견딜 수 없는 간절함 우리에게는 이런 간절함이 있어야 한다.

1) 간절한 히스기야, 하나님께 기도하다!

히스기야는 남유다왕국을 개혁하고 예상하지 못한 일을 겪게 된다. 바로 죽을 병에 걸리게 된 것이다. 선지자 이사야가 히스기야에게 너의 집을 정리하라 네가 죽고 살지 못할 것이라고 말한다. 그 당시 히스기야의 나이는 39세로 한창 젊고 한창 일할 나이였다.

그런데 죽을 병에 걸렸다는 말에 얼마나 가슴이 무너졌을까?

나는 예전에 병원 예배를 드리러 간 적이 있는데 그곳에서 아직도 잊지 못할 환자 한 명이 기억난다. 예배가 마친 후 환자 한 명을 만나고 가 달라는 요청에 환자를 만나러 갔다. 그런데 그 환자는 의사도 포기하고 집으로 가라고 통보받은 환자였다. 피부암에 걸렸는데 의사의 손으로도 해결할 수 없을 정도로 암이 많이 퍼져 있었다.

내가 갔을 때 퇴원 수속을 마치고 집에 갈 준비를 하고 있었다. 환자를 위해 기도하는데 환자의 표정을 보니까 아무런 표정이 없었다. 기쁨도 없고 절망조차도 느껴지지 않았다. 기도해 줘야 하는데 뭐라고 기도를 해야 할지 막막했던 기억이 난다.

히스기야는 이사야를 만나고 절망을 느꼈을 것이다. 하지만 여기에서 이야기는 끝나지 않는다. 히스기야는 절망 대신 희망을 선택한다. 히스기야가 선택한 것은 얼굴을 벽으로 향해 하나님께 통곡하며 기도하는 것이었다. 히스기야는 지금까지 하나님께 정직하게 행한 자신의 모습을 선하게 봐 달라며 통곡하며 기도했다.

> 히스기야가 낯을 벽으로 향하고 여호와께 기도하여 이르되 여호와여 구하오니 내가 진실과 전심으로 주 앞에 행하며 주께서 보시기에 선하게 행한 것을 기억하옵소서 하고 히스기야가 심히 통곡하더라(왕하 20:2-3).

히스기야의 기도는 하나님의 마음을 돌리는데 성공했다. 이사야가 성읍 가운데까지 도착하기도 전 하나님의 말씀이 임했고 이사야는 다시 히스기야에게 돌아간다.

이사야가 성읍 가운데까지도 이르기 전에 여호와의 말씀이 그에게 임하여 이르시되 너는 돌아가서 내 백성의 주권자 히스기야에게 이르기를 왕의 조상 다윗의 하나님 여호와의 말씀이 내가 네 기도를 들었고 네 눈물을 보았노라(왕하 20:4-5)

그렇다. 다시 도착한 이사야는 말한다.
"하나님께서 네 기도를 들었고 네 눈물을 보았다."
"너는 고침을 받게 될 것이다."
히스기야의 기도는 하나님을 향한 간절함이 있었다. 하나님만이 이 병을 고칠 수 있다는 간절함이 있었다. 하나님께서는 그런 히스기야의 믿음과 눈물을 보셨고 히스기야의 병을 고치기로 작정하셨다. 히스기야는 15년 생명 연장을 받게 되었다.

2) 당신은 간절한 사람인가?

하나님께서 자기 백성에게 원하시는 것이 무엇인가?
당신에게는 하나님을 향한 간절함이 있는가?
그게 아니면 당신은 현재 무엇에 간절해 하고 있는가?

여호와의 눈은 온 땅을 두루 감찰하사 전심으로 자기에게 향하는 자들을 위하여 능력을 베푸시나니(대하 16:9).

하나님께서는 하나님을 향해 간절한 사람을 찾고 계신다. 하나님께서는 온 땅을 두루 살피신다. 전심으로 자기에게 향하는 자들을 위하여 능력을 베푸신다.

우리가 전심으로 하나님께 나아갈 때 하나님께서 우리에게 능력을 베푸신다.

그렇다면 우리는 하나님께 어떻게 간절해질 수 있는가?

말씀과 기도 외에는 답이 없다. 말씀과 기도로 하나님과의 사랑을 회복하자. 말씀과 기도로 예수님의 십자가 사랑을 가슴 속에 새겨 넣자.

내 말과 내 행동과 내 마음까지도 알고 계시는 하나님을 기억하며 간절히 하나님께 나아가자!

24. 아담, 당신은 왜 선악과를 먹었나요?

나는 주일학교를 다니면서 오랫동안 풀리지 않는 의문이 있었다. '아담은 왜 선악과를 먹었을까?' 하는 의문이었다. 그 당시 나는 내가 품고 있는 이 의문을 파헤치기 위해 주일학교 선생님들을 달달 볶았다.

나: 선생님! 왜 아담은 선악과를 먹었나요?

선생님: 아 … 그건 … 탐스러워 보여서 먹은 거 아니었을까요?

나: 선생님! 그럼 하나님께서는 왜 아담에게 선악과를 먹지 말라고 하셨을까?

선생님: 음 … 그건 … 나중에 목사님한테 물어볼까?(당황하심) …

나: 애초에 하나님께서 선악과를 주지 않으셨다면 아담이 먹지도 않았을 텐데 그죠?

선생님: 음 … 그러게 말이다.

나는 오랜 시간 동안 아담을 원망하고 미워했다. 그리고 아담을 이해할 수 없었다.

아담과 하와 둘이서 하나님 말씀을 어겨서 이렇게 된 것이 아닌가? 나는 아담과 하와 두 인간 때문에 인류가 이렇게 된 것이 너무 불공평하다고 생각했다.

그런데 참 웃긴 건 지금 내 딸들이 내가 했던 질문을 똑같이 나에게 하고 있는 것이다. 내가 주일학교 때 의문을 가지고 오랜 시간 동안 풀지 못했던 의문을 내 딸들이 품고 있다니. …

딸들: 아빠! 궁금한 거 있어요?
나: 응? 먼데?
딸들: 아빠! 성경에 보면 아담이 선악과를 먹었잖아요.
　　　왜 우리가 아담 때문에 이렇게 힘들어야 하는 거죠?
나: 아.(당황) … 그렇지 아담이 잘못했지. …
딸들: 아빠 … 아담은 왜 선악과를 먹었을까요? … 어휴! 속상해.
나: 그래 그래. 아빠도 속상해. …

당신은 어떻게 생각하는가?
왜 아담은 선악과를 먹었던 것일까?
너무 맛있어 보여서 먹은 것일까?
아니면 나쁜 이유가 있는 걸까?

오늘 이 의문을 풀어보도록 하자

1) 선악과를 먼저 먹은 것은 아담이 아니라 하와였다

선악과를 제일 처음 먹은 것은 아담이 아니라 하와였다.
그렇다면 하와는 어떻게 해서 선악과를 먹게 된 것일까?

창세기 3장을 보면 뱀이 등장한다. 뱀은 곧 마귀이며 마귀는 하와에게 뱀으로 접근해서 유혹한다.

그렇다면 뱀은 어떻게 하와를 유혹한 것인가?

> 뱀(마귀): 하와! 하나님께서 정말 에덴동산 모든 나무의 열매를 먹지 말라고 하셨니?
>
> 하와: 아니! 동산 나무의 열매를 다 먹을 수 있지만 동산 중앙에 있는 나무의 열매는 먹지 말라고 하셨어. 아담과 내가 그것을 먹거나 만진다면 우리가 죽게 될 거라고 말씀하셨어.
>
> 뱀(마귀): 하와! 선악과를 먹는다고 해서 네가 결코 죽지 않을 거야. 너와 아담이 선악과를 먹는 날에는 너희의 눈이 밝아지게 될 거야. 그리고 하나님과 같이 되어 선악을 알게 될 걸.
>
> 하와: (뱀의 이야기를 듣고 선악과를 보자 너무 맛있게 보였음) 꿀꺽..(침 넘어 가는 소리)

결국, 하와는 선악과를 먹고 아담에게도 선악과를 건네주었다. 그리고 아담도 선악과를 먹었다. 하와가 선악과를 먹은 이유는 단순히 맛있어 보여서 먹은 것이 아니다.

2) 그녀가 선악과를 먹은 이유는 '하나님처럼 될 수 있다'는 유혹에 빠졌기 때문이다

하와는 하나님처럼 될 수 있다는 뱀의 유혹에 넘어가 선악과를 먹은 것이다. 하와는 자신이 먹은 선악과를 아담에게도 주었다. 아담과 하와가 선악과를 먹은 이유는 하나님을 더 이상 왕과 주인으로 인정하지 않고 내가 주인이 되어 살겠다는 마음을 드러낸 것이다.

그렇다면 하나님께서는 왜 선과 악을 알게 하는 나무를 에덴동산 중앙에 만드시고 그것을 먹지 말라고 하셨을까?

에덴동산에 있는 선악과는 에덴동산의 진정한 주인이 누구인지를 깨닫게 한다. 에덴동산과 아담과 하와의 진정한 통치자는 바로 하나님이심을 선악과를 통해 말씀하시는 것이다.

아담과 하와가 선악과를 먹은 것은 그런 하나님의 통치에 반기를 들고 더 이상 자신들이 하나님의 피조물임을 거부하는 것이다. 아담과 하와가 단순히 맛있어 보여서 선악과를 먹은 것이 아니라 하나님을 왕으로 인정하지 않겠다는 엄청난 불신앙이 들어 있는 것이다.

3) 오늘 우리는 누구를 주인으로 삼고 살아가고 있는가?

당신은 누구를 주인으로 삼고 살아가고 있는가?
예수님이 나의 주인이심을 인정하고 있는가?
선악과를 먹고 있는 아담과 하와의 모습이 우리의 모습이 아닌가?

신앙생활은 단순히 예수님이 살아계심을 믿는 것이 아니다. 예수님을 믿는 것은 예수님이 나를 위해 십자가에 죽으시고 부활하신 것을 믿고 이제 예수님을 나의 왕으로 주인으로 인정하는 것이다.

당신은 현재 예수님을 왕으로 인정하고 있는가?
아니면 아직까지 당신이 왕이 되어 당신을 위해 살아가고 있는가?
우리의 신앙은 나에게 하나님을 맞추는 것이 아니다. 하나님께 나를 맞추는 것이다.

25. 모세는 왜 돌판을 깨뜨렸을까? 이기적인 사랑 vs 한결같은 사랑

누군가 나에게 "어느 가수의 노래를 제일 좋아합니까"라고 물어본다면 나는 항상 김범수의 〈보고 싶다〉를 말한다(찬양 외에). 예전에는 김범수의 〈보고 싶다〉를 많이 불렀다. 집에서 혼자서 흥얼거리며 김범수의 〈보고 싶다〉를 부르곤 했다.

그러나 이제 난 김범수의 〈보고 싶다〉를 더 이상 부르지 않는다. 이유는 단 하나다. 아내가 싫어하기 때문이다. 아내와 결혼 후 집에서 습관처럼 김범수의 〈보고 싶다〉를 부르고 있었다.

나: 미칠 듯 사랑했던 기억이 추억들이 너를 찾고 있지만 ….

아내: … (째려 봄)

나: 이러면 안 되지만 죽을 만큼 보고 싶다. …

아내: 당신, 그 노래 자주 부르네요? …

나: (무시하며) 보고 싶다, 보고 싶다, 이런 내가 미워질 만큼.

아내: (정색하며) 누가 보고 싶은가 보네. 죽고 싶은 만큼?

나: (당황) 응? … 아 … 그게 아니고 ….

아내: 당신 매일 그 노래 부르던데 … 보고 싶은 사람이 있나 보네요? 누굴까요? 그 사람이?

나: (당황) 어? …아니야. … 당신 밖에 없어 … 당신이랑 옛날 추억 떠올리면서 부르는 거야. …

아내: 앞으로 그 노래가 제 귀에 안 들렸으면 좋겠네요.

그 뒤로 난 김범수의 〈보고 싶다〉를 부르지 않았다. 아니 더 이상 부를 수 없었다. 더 이상 불렀다간 밥도 못 얻어먹을 것 같았기 때문이다. 그 뒤로는 더 이상 아내 앞에서 김범수의 〈보고 싶다〉를 부른 기억이 없다.

아!

아내에게 정말 화가 났을 때 일부러 부른 적은 있다. 연인이 있거나 결혼한 분들은 김범수의 〈보고 싶다〉를 부르는 것을 추천하지 않는다.

김범수의 〈보고 싶다〉를 예로 들면서 당신에게 말하고 싶은 것이 한 가지가 있다. 사랑에는 반드시 상대방을 향한 배려가 있어야 한다는 것이다.

내가 사랑하는 사람에게 배려하기를 거부한다면 그 사랑은 오래갈 수 없다. 배려가 없는 사랑은 이기적인 사랑이다. 이기적인 사랑은 나만 생각하는 사랑이다. 나만 생각하는 사랑은 결국, 상대방이 떠나게 된다. 그래서 사랑에는 배려가 필요하다.

내가 이 이야기를 하는 이유는 단 하나다!

하나님을 향한 우리의 사랑에는 배려가 있는가?

많은 사람이 교회를 다니고 예배를 드린다. 하지만 정작 하나님을 배려하지 않는다. 언제나 이기적인 사랑으로 하나님을 대하려고 한다.

항상 내 입장에서만 생각한다. 내가 필요할 때 눈물, 콧물 다 흘리며 '하나님! 도와주세요!'라고 기도한다.

하지만 정작 하나님께서 나에게 요구하시는 것, 순종해야 하는 것을 외면하는 경우가 많다. 우리는 그런 사랑을 이기적인 사랑이라고 말한다.

1) 이스라엘 백성의 이기적인 사랑

모세와 이스라엘 백성이 애굽을 나와 시내산에 도착했을 때 모세는 하나님의 율법을 받으러 시내산으로 올라갔다.

그런데 거기서 문제가 일어났다. 모세가 시내산에서 내려오지 않으니까 이스라엘 백성이 아론에게 한 가지 요구를 한다. 자신들을 이끌 신을 만들라는 것이다. 아론은 결국, 금송아지를 만든다. 그리고 이스라엘 백성은 금송아지를 향해 춤을 추며 절한다. 이스라엘 백성은 하나님을 철저하게 자기 입장에서 생각했다.

이스라엘 백성이 애굽에 노예로 고통 당할 때 그들은 하나님께 간절히 부르짖었다. 하나님께서는 그들의 기도를 들으시고 모세를 보내셨다. 모세를 통해 10가지 재앙을 애굽에 내리시고 이스라엘 백성을 애굽에서 나오게 하셨다.

그뿐만이 아니다. 이스라엘 백성이 앞으로는 홍해, 뒤로는 애굽 군대로 사면초가였을 때 하나님께서 홍해를 가르셔서 건너게 하셨다. 그리고 이스라엘 백성이 광야를 지날 때 낮에는 구름기둥으로, 밤에는 불기둥으로 인도하셨다. 또 광야에서 먹을 것이 없을 때 만나를 내려 주셨고 고기까지 먹고 싶다고 하자 메추라기까지 보내 주셨다.

그런데 이스라엘 백성은 모세가 내려오지 않자 자기들을 이끌 신을 만들라고 말한 것이다.

이 얼마나 이기적인 모습인가?

하나님께서는 이스라엘의 이기적인 모습을 보시고 진노하셨다. 그리고 모세에게 그들을 진멸하겠다고 말씀하셨다. 하지만 모세는 하나님께 간절히 기도했고 하나님께서는 이스라엘을 멸하지 않으시고 용서하셨다.

2) 당신의 사랑은 이기적인 사랑 vs 한결같은 사랑?

이스라엘의 모습 속에 우리의 모습을 발견하고 있지 않은가?
하나님을 향한 당신의 사랑은 무엇인가?
이기적인 사랑인가?
한결같은 사랑인가?

하나님이 기뻐하시는 사랑은 나에게 하나님을 맞추는 것이 아니라 하나님께 나를 맞추는 사랑이다. 하나님을 섬기다 보면 우리는 세상과 갈등을 겪을 수밖에 없다. 학교에서 직장에서 하나님의 사람으로 살다보면 어려움이 반드시 따라오게 되어 있다. 우리는 어려움 속에서 하나님의 사람으로 살아갈지 세상 사람처럼 살아갈지 선택해야만 한다.

당신은 어떤 선택을 하고 있는가?
예를 들어보자. 학교에서 쉬는 시간!

학생1: 너 아까 담임선생님 말씀하시는 거 들었어? 화나지 않냐?
 어떻게 그러실 수 있지?
학생2: 그러니까! 이번에 시험 쉽게 낸다고 하시더니 너무 어려웠어.
학생3: 어이가 없어. 이건 선생님이 우리 속인 거 아니야?
 야! 너도 한마디 해 봐!
나: 나?(순간 속으로 갈등한다. 나도 시험 너무 어렵게 나와서 짜증나서 한마디 하고 싶은데 하나님의 백성으로서 그런 모습을 보이면 하나님께서 기뻐하지 않으실 것 같아 고민하는 것이다.)
나: 흠 … 나는 … 뭐 그래도 감사해. 오히려 이렇게 나온 것도 감사하자 친구들아! 파이팅!

우리는 이 순간 두 가지 선택을 할 수 있다. 감사할 수 있고 아니면 다른 친구들처럼 엄청 욕하면서 불평할 수 있다. 우리가 크리스천이 아니라면 이런 고민을 할 필요가 없겠지만 누군가를 비난하는 것은 하나님께서 기뻐하시지 않기 때문에 참는 것이다.

이것이 바로 하나님께 나를 맞춰 가는 신앙이다. 만약 이기적인 사랑이라면 하나님을 전혀 신경쓰지 않고 내 감정에 충실할 것이다.

당신은 어떤 사랑을 하고 있는가?
이기적인 사랑인가?
한결같은 사랑인가?

나는 베스킨라빈스 가는 것을 좋아한다. 그곳에는 아이스크림이 많이 있다. 직원이 종이와 펜을 주며 먹고 싶은 아이스크림을 적어서 달라고 한다.

나는 그중에 꼭 두 가지 아이스크림을 집어넣는다. '바닐라 아이스크림'과 '엄마는 외계인 아이스크림'이다(참고로 '엄마는 외계인'이란 이름은 왜 그런 건지 모르겠다). 베스킨라빈스의 장점은 내가 먹고 싶은 아이스크림을 골라서 먹을 수 있다. 반대로 내가 원하지 않는 아이스크림은 먹지 않아도 된다.

그런데 우리는 베스킨라빈스에서 자기가 좋아하는 아이스크림을 골라서 먹듯이 내가 필요할 때만 하나님을 찾고 내가 원할 때만 교회 가고 내가 어렵고, 힘들고, 귀찮을 때는 하나님을 외면해 버린다.

우리가 크리스천이라면 그래서 예수님이 나의 왕이시라면 때로는 어렵고 힘들지라도 순종할 수 있어야 한다. 나에게 손해가 오더라도 말씀에 순종해야 한다. 그것이 크리스천이며 하나님께 나를 맞춰가는 신앙이다. 그리고 이런 신앙이 하나님께서 기뻐하시는 신앙이다.

우리 모두 다 하나님 앞에서 한결같은 사랑을 하는 사람이 되자!

26. 다니엘이 음식을 먹지 않은 이유는?

당신은 누군가를 용서해 본 적이 있는가?

1948년 10월 19일 지금으로부터 약 70년 전 두 아들을 둔 아버지에게 잊지 못할 충격적인 사건이 일어났다. 그 사건은 자신의 두 아들이 하루 한날 같은 시간에 총살을 당했던 것이다.

이런 비극적인 일을 당했던 사람이 누구인가?

바로 손양원 목사님이다. 손양원 목사님은 일제 강점기 때 태어났다. 그는 어릴 때부터 부모님의 신앙으로 교회를 다녔다. 하지만 아버지가 3·1운동에 가담한 혐의로 교도소에 투옥되었고 손양원 목사님은 학교에서 퇴학을 당했다.

이후 19세 때 일본으로 건너가 도쿄에서 학교를 다녔다. 그 당시 손양원 목사님은 일본의 도쿄중앙교회를 다니고 있었는데 그곳에서 자신의 일생을 바꿀 만한 일을 겪는다. 한센병 환자들을 위해 음식을 나눠주고 전도하던 모습에 감명을 받고 후에 자신도 한센병 환자들의 전도자가 되겠다고 결심한다.

이후 한국으로 돌아온 손양원 목사님은 평양 장로회신학교에 입학했고 졸업 후 여수 나병원 애양교회에 부임해서 한센병 환자들을 보살피며 복음을 전했다.

몇 년 뒤 손양원 목사님에게 큰 시련이 찾아왔다. 일본에서 신사참배를 강요했던 것이다. 손양원 목사님은 신사참배를 반대하시다가 종신형을 선고받고 평생을 감옥에서 보내야 했다. 그러나 5년 후 일본의 항복으로 극적으로 감옥에서 풀려난다. 감옥에서 풀려난 손양원 목사님은 여수 애양원으로 돌아 가서 한센병 환자들을 보살핀다.

그 후 몇 년이 지나 여수와 순천에 여순반란사건이 일어난다. 해방된 지 얼마 되지 않아 남과 북이 자유민주주의와 공산주의로 첨예하게 대립하던 때였다. 이때 공산주의로 물든 군인들이 여수와 순천에서 반란을 일으켰다.

그리고 그때 당시 반란군이자 공산당원이었던 안재선이 손양원 목사님의 두 아들 손동인과 손동신을 친미 세력과 예수쟁이라는 이유로 총살한다.

다행히 반란은 진압되었고 안재선 또한 체포되고 사형을 받게 되었다. 그런데 여기서 놀라운 일이 벌어졌다. 손양원 목사님이 자신의 두 아들을 죽인 안재선을 용서해 줄 것을 요구하며 안재선을 자신의 아들로 삼겠다고 구명 활동을 벌인 것이다. 결국, 그를 살려낸 손양원 목사님은 자신의 두 아들을 죽인 안재선을 양아들로 삼았다.

그 후 6·25 전쟁이 일어났지만 목사님은 한센병 환자들을 돌보며 피난을 가지 않았다. 후에 공산군에게 체포되어 혹독한 고문 끝에 총살 당했다. 그렇게 손양원 목사님은 49세 나이에 순교했다.

손양원 목사님의 사랑을 보며 사람들은 손양원 목사님을 향해 사랑의 원자탄이라고 불렀다. 나는 손양원 목사님의 일생을 잠시 들여다 보면서 마음이 숙연해졌다. 한 주 동안 내 가슴 속에 이 질문들이 떠나지 않았다

손양원 목사님은 어떻게 자신의 두 아들을 죽인 원수를 용서할 수 있었을까?
전쟁이 나서 피난을 가자고 재촉하는데도 어떻게 떠나지 않겠다고 말할 수 있었을까?
손양원 목사님은 하나님을 향한 사랑이 얼마나 깊었던 것일까?

1) 말씀을 지키기 위해 음식을 먹지 않은 다니엘

성경에도 하나님의 말씀을 지키기 위해 목숨을 걸었던 믿음의 사람들이 나온다. 다니엘 또한 그런 사람 중 하나로 바벨론에 포로로 잡혀갔지만 지혜와 총명이 뛰어나 높은 관리가 되었으며 바벨론이 망한 후 바사 제국에서도 총리가 되었던 뛰어난 정치가였다.

스스로 신앙을 지키기에는 너무나 어렵고 힘든 시대 다니엘은 그곳에서 믿음을 지키기 위해 목숨을 걸었다. 다니엘은 한 가지 선택을 해야 한다. 그것은 왕이 준 음식을 먹느냐 먹지 않느냐의 선택이다.

바벨론의 느부갓네살은 포로들 중 용모가 아름다우며 모든 지혜를 통찰하며 학문에 익숙해서 왕궁에 설 만한 소년들을 데려오라고 명령했다. 느부갓네살이 그렇게 명령한 이유는 자신들의 학문과 언어를 가르치려고 했기 때문이다. 이제 다니엘은 3년 동안 강도높은 훈련을 받고 느부갓네살 앞에 서게 될 것이다.

그런데 한 가지 문제가 생겼다. 왕이 주는 음식과 포도주를 마셔야 했다. 다니엘은 왕이 주는 음식과 포도주를 먹고 마실 수 없었다. 그래서 다니엘은 뜻을 정했다. 느부갓네살이 주는 음식과 포도주를 먹지 않겠다는 것이다.

그렇다면 다니엘은 왜 제국의 음식과 포도주를 먹지 않겠다고 뜻을 정한 것인가?

왕이 먹는 음식과 포도주는 우상에게 바쳐졌던 것이었다. 느부갓네살은 우상에게 음식을 바친 후 이 음식을 먹음으로 바벨론의 신으로부터 축복을 받는다고 생각했다. 따라서 느부갓네살이 주는 음식은 하나님만을 유일신으로 섬기는 다니엘에게 절대로 타협할 수 없는 문제였다.

하지만 왕이 주는 음식을 거부하는 것은 대단히 위험한 일이었다. 그 당시 왕의 명령은 절대적이었기 때문에 왕의 명령을 거부하면 자칫하면 목숨이 날아 가는 것이다.

그렇다면 다니엘이 이렇게까지 뜻을 정해서 음식을 먹지 않은 이유는 무엇인가?

다니엘은 포로로 끌려왔지만 바벨론에서도 하나님께서 함께하심을 믿었다. 다니엘은 여전히 하나님을 믿었기 때문에 하나님 앞에서 우상의 제물을 먹는 일을 할 수 없었다.

바벨론에서도 하나님의 말씀을 따르는 것이 다니엘에게 가장 중요했다. 그것이 설령 왕의 명령이라고 할지라도 그 명령이 하나님의 말씀보다 우선될 수는 없었다.

다니엘의 모습을 통해 우리에게 한 가지 질문을 할 수 있다. 다니엘처럼 하나님의 말씀을 지키고자 하는 간절함이 우리에게 있느냐는 것이다.

2) 말씀에 목숨거는 인생이 되자

하나님의 말씀에 당신은 목숨을 걸 수 있는가?

하나님의 말씀을 지키기 위해 내가 손해를 보더라도 힘들더라도 말씀을 따라가겠는가?

이것이 오늘 크리스쳔인 우리가 진지하게 생각하고 고민해야 할 질문이다. 지금 내가 중간고사를 준비하는 것도 중요하지만 하나님의 말씀을 지키기 위해 내 삶에서 최선을 다하고 있는지 우리에게 묻고 우리 자신을 돌아보는 시간도 중요하다.

내가 다니엘처럼 대단한 일을 해야 하나님의 말씀을 지키는 것이 아니다. 당신은 학교에서도 집에서도 작은 일상 속에서 하나님의 말씀을 최선을 다해 지킬 수 있다.

친구1: 야 … 아까 담임선생님이 하는 말 들었어?

친구2: 아니? 뭔데? 뭐라고 말했어?

친구1: 아 … 아까 나 학교 늦었다고 청소하라고 했잖아. 근데 나 2분 늦었거든?
다른 반은 봐 준다던데 우리 담임은 왜 그럴까?

친구3: 그러니까 우리는 반 잘못 걸린 거야.

친구4: 맞어 맞어~ 넌 어떻게 생각해?
너도 얼마 전에 담임선생님한테 혼났잖아?

나: 나? 뭐 괜찮아. 내가 잘못한 거라서.

친구1: 너 착하기만 하면 인생 어떻게 살래? 때로는 독해져야 한다.

나: 아 … 그래 그래. 알겠어! 우리 이제 다른 이야기하자!

모든 친구가 담임선생님을 비난하고 있다. 돌고 돌아 내 차례가 왔다. 예전이라면 당연히 나도 신나게 비난했을 것이다. 하지만 그 순간 예수님의 말씀에 비판하지 말라는 말씀이 생각났다.

'아 … 내가 여기서 비난하면 하나님 말씀을 어기는 건데 ….'

고민 끝에 담임선생님을 향해 비난하지 않았다. 이것이 하나님의 말씀을 지키는 것 중의 하나이다.

당신은 소소한 일상 속에서 하나님의 말씀을 지키고 있는가?

아니면 내 감정이 앞선 나머지 본능에 충실한가?

내가 이런 말을 하는 이유는 소소한 작은 일상 속에서 하나님의 말씀을 지키는 사람이 왕의 명령에도 뜻을 정하고 음식을 먹지 않겠다고 선포한 다니엘이 될 수 있다는 것을 명심하라.

나도 다니엘과 같은 상황이 오면 당연히 하나님의 말씀을 지킬 수 있다고 자신하지 마라. 일상 속에서 하나님의 말씀을 지키는 자들만이 다니엘이 될 수 있다. 그리고 하나님께서는 그런 사람을 사용하신다.

하나님의 말씀에 목숨 거는 인생이 되자!

27. 사도 바울은 왜 감옥에 들어갔을까요?

당신은 다른 누군가를 섬기거나 도움을 준 일이 있는가?

자신을 희생하면서까지 다른 누군가를 섬기거나 도움을 준다는 것은 정말 쉽지 않은 일이다. 그 희생과 섬김이 자신의 목숨까지 내놓아야 한다면 더욱더 어렵고 힘든 일이다.

몇 년 전 실제로 일어났던 일이다. 새벽 이른 시간 반바지에 슬리퍼를 신은 한 청년이 5층짜리 빌라 밖을 급히 빠져나왔다. 잠깐 건물 주변을 서성이던 이 청년은 이내 다시 건물 안으로 들어갔다.

도대체 이 청년에게 어떤 일이 일어났던 것일까?

새벽 4시쯤 일어난 일이었다. 20대 남성이 여자 친구의 이별 통보에 화가 나 여자 친구가 살고 있던 5층짜리 빌라에 불을 질렀다. 그 불은 점점 큰불이 되어 건물 전체를 뒤덮게 되었다. 아무것도 모르고 잠을 자던 그 청년은 불이 난 것을 알고 빠르게 탈출했다. 그런데 그 청년은 건물 주변을 서성이더니 다시 건물 안으로 들어갔다.

그렇다면 그 청년이 불길 안으로 다시 들어간 이유는 무엇일까?

청년이 다시 들어간 이유는 새벽 시간에 자고 있을 이웃 사람들을 대피시키기 위해서였다. 청년은 집집마다 돌면서 초인종을 다급히 누르며 큰소리로 불이 났다고 빨리 대피하라고 말했다.

놀랍게도 청년의 초인종 소리를 들은 이웃들은 모두 안전하게 대피했고 모두 다 목숨을 건질 수 있었다. 하지만 안타깝게도 정작 청년은 5층으로 향하는 계단에서 유독 가스에 질식해 쓰러졌고 11일 후 병원에서 숨을 거두게 되었다. 청년의 아버지는 이렇게 말했다.

"아들을 잃어 너무 슬프지만 아들이 너무나 자랑스럽습니다."

사람들을 위해 자신의 목숨을 잃은 이 남자의 헌신에 대해 우리는 무엇을 생각할 수 있는가?

'대단한 헌신과 사랑이다'라고 말할 것이다.

만약 당신에게 이런 상황이 벌어진다면 어떻게 하겠는가?

목숨을 걸고 건물 안으로 다시 뛰어 들어갈지, 아니면 119에 신고할지 당신은 선택해야 할 것이다.

1) 귀신을 쫓아낸 사도 바울. 감옥에 들어가다!

주 예수를 믿으라 그리하면 너와 네 집이 구원을 받으리라 (행 16:31).

이 말씀은 너무나 유명한 말씀이다. 많은 사람이 이 말씀을 들으면서 은혜와 감동을 받는다.

그런데 당신은 이 고백이 어디에서 나왔는지 아는가?

이 위대한 신앙고백은 하나님의 성전이 아닌 아무도 없는 컴컴한 지하 감옥 속에서 나왔다. 사도 바울은 기도하러 가던 도중 한 여인을 만나게 되었는데 그 여인은 바로 귀신들린 노예였다.

귀신들린 여자 노예는 다른 사람들이 하지 못하는 것을 할 수 있었다. 그 여인 안에 귀신이 있었기 때문에 그 여인은 점을 칠 수 있었고 많은 사람이 여인에게 점을 치러 왔다.

그로 인해서 여자 노예는 많은 돈을 벌게 되었으며 그 돈은 여자 노예를 소유하고 있던 주인들에게 큰 이익을 가져다 주었다. 그런데 점치는 여자 노예가 바울을 따라다니면서 이렇게 말했다.

> 그가 바울과 우리를 따라와 소리 질러 이르되 이 사람들은 지극히 높은 하나님의 종으로서 구원의 길을 너희에게 전하는 자라 하며(행 16:17).

그것도 몇 날 며칠을 따라다니면서 계속해서 같은 말을 되풀이 했다. 그러자 바울은 여자 노예 안에 있는 귀신을 예수님의 이름으로 쫓아냈다. 그런데 귀신이 떠나가니까 한 가지 문제가 생겼다. 더 이상 여자 노예가 점을 칠 수 없게 된 것이다.

그렇게 되자 여자 노예를 소유하고 있는 주인들이 더 이상 큰돈을 만질 수 없게 되었고 그들은 분노했다. 그리고 바울을 잡아다가 관리들에게 '우리에게 이상한 풍속을 전한다'며 넘긴다.

그러자 관리들은 바울과 실라의 옷을 벗기고 살점이 떨어져 나갈 만큼 잔인하게 매로 친 후 감옥에 가두었다. 바울과 실라는 차꼬에 채워진 채 지하 감옥에 수감되었다. 그런 상황에서 바울과 실라는 한밤중에 하나님께 기도하고 찬송했다.

당신이라면 이런 상황에서 기도와 찬송이 나오겠는가?

당연히 원망과 불평이 나오는 것이 정상 아닌가?

하나님께서 전도하러 가라고 말씀하셔서 순종해서 복음 전하다가 귀신도 쫓아냈는데 돌아온 것은 심하게 매 맞고 감옥에 갇힌 것이다.

이것을 어떻게 받아들여야 하겠는가?

도대체 사도 바울과 실라는 죽음의 위협을 받는 상황 가운데에서도 어떻게 하나님을 찬송하고 기도할 수 있었을까?

그런데 놀라운 일이 일어난다. 순간 큰 지진이 일어났고 감옥의 모든 문이 열리고 발에 채워져 있던 차꼬가 풀리게 된 것이다. 기적이 일어난 것이다. 이럴 때 보통 사람 같으면 이렇게 말하는 것이 정상이다.

"하나님의 역사하심이다! 빨리 감옥 문을 나가자!"

그런데 바울과 실라는 전혀 이해할 수 없는 행동을 한다. 그들은 여전히 감옥을 나가지 않는다. 같은 시간 지진 때문에 잠을 자고 있던 간수가 깨어났다. 큰 지진 소리에 깜짝 놀라 일어났는데 감옥 문이 다 열려 있었다.

그러자 간수가 어떻게 행동하는가?

죄수들이 다 도망간 줄 알고 자살하려고 한다.

그러자 그때 바울이 소리쳤다.

"멈추시오! 당신의 몸을 상하게 하지 마시오! 우리는 여기에 그대로 있습니다."

간수가 놀래서 등불을 켜고 어두컴컴한 안을 들여다봤더니 충격적인 장면을 보게 되었다. 여전히 바울과 실라는 감옥에 남아 있었던 것이다. 여기서 간수는 충격을 받고 두려워하며 물어본다.

간수: 내가 어떻게 해야 구원을 받을 수 있습니까?

바울: 주 예수를 믿으라. 그리하면 너와 네 집이 구원을 받으리라.

당신은 사도 바울과 실라를 보면서 그들의 신앙에 대해 뭐라고 말하겠는가?

그들은 죽음의 순간에도 하나님을 신실하게 믿으며 살아간 믿음의 용사였다고 말하겠는가?

그렇다고 하기엔 더 큰 엄청난 사실이 숨겨져 있다.

당신은 바울과 실라가 귀신들린 여자 노예로 인해 모함을 받았을 때 매를 맞지도 않을뿐더러 감옥에 들어가지 않을 수도 있었다는 사실을 알고 있는가?

2) 사도 바울이 감옥에 들어간 이유는?

엄청난 저녁을 보내고 날이 밝았을 때 바울과 실라의 옷을 벗기고 매를 치라고 명했던 상관들이 부하들을 보내서 바울과 실라를 내보내려고 했다. 그러자 바울은 이렇게 말한다.

> 바울이 이르되 로마 사람인 우리를 죄도 정하지 아니하고 공중 앞에서 때리고 옥에 가두었다가 이제는 가만히 내보내고자 하느냐 아니라 그들이 친히 와서 우리를 데리고 나가야 하리라 한대 (행 16:37).

그렇다. 바울은 로마 시민권자였다. 당시 로마 시민권자에게는 많은 혜택이 있었는데 그중에 로마 시민을 함부로 고문하거나 채찍질할 수 없었고, 반역죄 경우를 제외하고 사형 선고를 할 수도 없었다. 로마 시민권자는 로마에 가서 재판을 받을 수 있었다.

다르게 말하면 바울과 실라는 모함을 받아 옷을 찢겨 매를 맞기 전 "우리는 로마 시민이다"라고 자신들을 변호할 수 있었다. 그런데 그들은 침묵했다. 그들은 매를 맞았고 감옥에 들어갔다. 그들은 심지어 그곳에서 찬송과 기도를 했다.

도대체 그 이유가 무엇인가?

이미 바울과 실라는 전도 여행을 갈 때부터 순교를 할 수 있다는 것을 알았다. 그래서 복음을 전하다 모함을 받고, 매를 맞고, 심지어 감옥에 들어가는 순간에도 바울과 실라는 찬송하며 기도할 수 있었던 것이다. 자신이 해를 받더라도 어떤 위험 속에 처하더라도 하나님의 편에 서서 '죽으면 죽으리라'는 신앙을 가지고 감사함으로 순종할 수 있었다.

바울의 목숨 건 신앙이 아니었다면 간수는 구원받을 수 있었을까?

바울의 목숨 건 신앙이 아니었다면 "주 예수를 믿으라. 그리하면 너와 네 집이 구원을 받으리라"는 복음 선포가 탄생할 수 있었을까?

오늘 당신에게도 이런 고백이 있기를 바란다.

"주님!

제 삶은 저의 것이 아닙니다.

예수님의 십자가로 다시 산 생명 이제 주님을 위해 살겠습니다.

나를 사용하옵소서."

하나님께서는 오늘도 바울과 같이 하나님의 편에 설 자를 찾고 계신다. 당신이 하나님의 편에 선 자가 되기를 바란다.